Parejas adolescentes

Propuestas de intervención para prevenir la violencia

Encarnación Soriano Ayala
Josefina Lozano Martínez

NARCEA, S. A. DE EDICIONES
MADRID

© NARCEA, S. A. DE EDICIONES, 2024
Paseo Imperial, 53-55. 28005 Madrid. España
www.narceaediciones.es

Imagen de cubierta: 123rf

ISBN papel: 978-84-277-3193-6
ISBN ePdf: 978-84-277-3194-3
ISBN ePub: 978-84-277-3195-0
Depósito legal: M-17830-2024

Impreso en España. Printed in Spain

Este trabajo es un estudio sobre los resultados obtenidos en el proyecto "Violencia en la pareja adolescente. Investigación transcultural para la prevención e intervención en contextos socioeducativos", referencia RTI2018-101668-B-I00.

Índice

© narcea, s. a. de ediciones

Introducción

Parejas adolescentes. Propuestas de intervención para prevenir la violencia es el fruto de la reflexión de un equipo cualificado de autores y autoras, expertas en el tema, sobre cómo prevenir la violencia en las relaciones de las parejas adolescentes. Un asunto complejo y que tiene carácter multifactorial, lo cual nos llevó a adoptar en la investigación la perspectiva ecosistémica y el modelo de aprendizaje social para analizar los factores que generan y mantienen la violencia.

El enfoque seguido consideró el papel de los distintos ambientes y contextos en los que se socializan los adolescentes y en los que se van moldeando sus comportamientos. Todos los niveles del enfoque ecosistémico (desde lo micro a lo macro) estaban atravesados por "patrones de género" y por "patrones culturales" como marcos de organización, estructuración y división de las relaciones sociales. A estos patrones se les sumaron otros determinantes sociales fundamentales: la orientación sexual, el origen y la etnia, la clase social y si se trataba de contextos rurales o urbanos.

Una revisión exhaustiva de la bibliografía nos informó de que era necesario desarrollar planes de intervención efectivos con la comunidad educativa porque los que hasta este momento se conocían presentaban muchos déficits en las propuestas de intervención. Se observó la escasez de estrategias y recursos didácticos para la prevención en las aulas. Además, los programas que se barajaban eran de difícil manejo y comprensión para quienes conformaban las comunidades educativas, apreciándose en su mayoría que no habían contado con la participación de familias y profesorado, que no había una atención a la diversidad cultural que se da con enorme importancia en las aulas de los centros públicos, ni explicitaban ninguno de los aspectos a considerar en aulas multiculturales. Por otra parte, no integraban la realidad de la comunidad LGTB en su desarrollo.

Todos estos déficits nos llevaron a plantear un estudio que profundizara en la cultura de la violencia con la que llegan a los centros educativos los adolescentes, nativos e inmigrados. También, fue fundamental profundizar en cuales son las estrategias educativas que facilitan la prevención primaria de la violencia desde una perspectiva culturalmente sensible, funcional, interactiva y crítica. Estas premisas constituyeron el inicio de la investigación.

Los principales resultados de la investigación llevada a cabo apuntan a que los niveles de sexismo son altos. Se advierte que los adolescentes que han sido educados asumiendo conductas sexistas son incapaces de identificar los comportamientos agresivos como forma de violencia. En cuanto a la percepción del adolescente de ser víctima de violencia, se observa que el adolescente hombre percibe sufrir más violencia psicológica y relacional que las adolescentes mujeres.

En el caso de la ciberviolencia, se constata que existen niveles elevados de ciberviolencia sufrida; más de la mitad de los y las adolescentes reconocen haber sido víctimas. Igual se observa en la perpetrada, más de la mitad indican perpetrar ciberviolencia de tipo leve-moderada y un 3% de tipo grave. Es de destacar el alto grado de justificación de la ciberviolencia, siendo los adolescentes hombres los que arrojan puntuaciones superiores a las mujeres.

Se establece relación entre la ciberviolencia y el origen sociocultural. La prevalencia de la ciberviolencia fue muy alta en todos los grupos culturales estudiados, y la victimización cibernética fue el predictor más fuerte de la perpetración en línea.

Si nos centramos en la percepción del profesorado, se comprueba que existe una relación diversa y heterogénea con la violencia en la pareja adolescente. Respecto a las diferencias culturales, todos los entrevistados reconocen una pluralidad de formas de comprender las relaciones sentimentales y diferencias en las violencias que muestran adolescentes de distintos grupos culturales. Entre los factores que más influyen sobre la violencia destacan las redes sociales y la familia. También reconocen el papel central que tienen los medios virtuales en incrementar los celos, el control, la humillación post-ruptura y en reforzar patrones de relación hipersexualizados. Remarcan la importancia de implicar a las familias en la educación sentimental por su papel determinante en la misma.

Por su parte, las familias perciben la invisibilización y la normalización de la violencia, y entienden que las causas principales se deben a la falta de comunicación en el seno familiar, a la baja formación que padres y madres tienen sobre el tema, y a la sobreexposición de los adolescentes a las redes sociales.

Las familias expresan la imperiosa necesidad de estrategias y habilidades que favorezcan la comunicación entre sus miembros. Destacan que se necesita un abordaje integral y continuo de toda la comunidad educativa, así como la prevención por parte de los medios de comunicación en los contenidos de los programas, donde es frecuente la aparición de roles y maltratos con violencia, que los adolescentes asumen porque aparecen con normalidad en dichos medios.

La reflexión sobre estos resultados hace que los investigadores implicados desarrollen los conocimientos y actividades que se presentan a lo largo del libro y que está orientado hacia profesorado, familias, adolescentes y todas las personas implicadas en la educación de adolescentes y jóvenes.

Plan de la obra

El libro consta de nueve capítulos, los dos primeros enfocan los tipos de violencias y las señales de alarma; el tercero y cuarto se centran en analizar las causas de la violencia y teorías al respecto. Las violencias emergentes se tratan en los capítulos cinco y seis; la diversidad en las relaciones es considerada en los capítulos siete y ocho. Para finalizar, el capítulo nueve trata la educación afectivo sexual.

En el primero denominado *La violencia y sus tipos entre parejas adolescentes*, se abordan los diferentes tipos de violencia, incidiendo en que la violencia de control o psicológica es la forma más común de violencia en las relaciones de pareja adolescente. Esta violencia es sutil e incluye la violencia verbal y emocional que, a menudo, se justifica bajo los mitos del amor romántico y los estereotipos. La violencia física es otra forma de violencia presente en estas relaciones, y suele ser desencadenada por la fuerza física de los agresores. La violencia digital o ciberacoso también es una forma de violencia que se ha vuelto más común con los avances tecnológicos. Por último, la violencia sexual incluye actos como el acoso sexual y la coerción sexual.

En el segundo capítulo, con el título de *Señales de alarma de la violencia en parejas adolescentes*, se resalta la importancia de la familia y la escuela para detectar las principales señales de alarma de la violencia en la pareja adolescente como forma de prevención de estas situaciones de riesgo. Por ello, a lo largo de este, se destacan algunas señales que pueden indicar que una persona está inmersa en una situación de violencia de pareja, perpetrando o recibiendo esta; se visibilizan, de este modo, situaciones en las que los adolescentes no pueden o no saben cómo pedir ayuda. Además de estas señales, en el capítulo se destacan algunas sugerencias sobre cómo actuar, desde el ámbito familiar y escolar, ante el conocimiento de dicha violencia entre jóvenes.

En el tercer capítulo titulado *Los mitos del amor romántico en los adolescentes y su incidencia en la violencia del noviazgo*, se define el amor romántico como una combinación de creencias, ideales, actitudes y expectativas que coexisten en la mente de la persona de forma consciente o inconsciente. A lo largo del capítulo se analizan las relaciones románticas como vínculo sentimental de tipo romántico que une a dos personas del mismo o diferente género, y las características de estas relaciones durante la adolescencia. Para los adolescentes estas relaciones ocupan un espacio muy importante en sus vidas. De hecho, la formación de relaciones románticas es una de las tareas cruciales en la adolescencia y pueden jugar un papel importante porque ayudan al desarrollo de la identidad, facilitan otra visión del mundo, ofrecen compañía, intimidad y el desarrollo de habilidades para futuras relaciones románticas. En el capítulo se presentan argumentos sobre el carácter universal o transcultural del amor romántico. Finaliza dando una visión general de las relaciones de pareja en la actualidad.

Deconstrucción de roles de género y nuevas masculinidades es el tema que se aborda en el cuarto capítulo. Se destaca que para prevenir la violencia en parejas adolescentes es esencial que los jóvenes se planteen cuestiones referidas a la existencia y naturalización de algunas desigualdades y privilegios en función del género. Dichas desigualdades han sido transmitidas de una generación a otra y esto ha dado lugar a la aceptación sin planteamientos. A través de este capítulo, se insiste en promover que los adolescentes reflexionen sobre cómo la propia cultura transmite patrones de violencia. Para ello, en el capítulo se describen algunos conceptos esenciales para el planteamiento de estas cuestiones como son el género, los roles o los estereotipos asociados a este y cómo estos influyen en la violencia. Si queremos que disminuyan las relaciones violentas hemos de promover masculinidades y feminidades no sexistas.

Afrontamiento de la violencia relacional online y offline en las relaciones de noviazgo adolescente, es el título del quinto capítulo. La violencia relacional es un subtipo de violencia cada vez más prevalente en las parejas adolescentes y por ello, está recibiendo una atención creciente. Este fenómeno se caracteriza por promover el rechazo social, la exclusión y el aislamiento de la pareja, mediante estrategias como la difamación, el control social, el distanciamiento de los iguales, la manipulación o la erosión de la reputación social, pudiendo darse tanto en entornos *offline* como *online*. Con el aumento de las estrategias de control social, facilitadas por los dispositivos digitales, esta forma de afectación a las relaciones de pareja se ha visto notablemente agravada. Por otra parte, su importante impacto en los procesos de socialización de los adolescentes, deteriorándolos, subraya la necesidad de desarrollar estrategias específicas de prevención frente a la misma.

El sexto capítulo se denomina *Las ciberviolencias en las parejas jóvenes y adolescentes*. Las ciberviolencias en las parejas es un fenómeno que suele afectar principalmente a los más jóvenes y de forma particular a las mujeres. El origen de este problema posiblemente sea anterior a las mismas Tecnologías de la Información y Comunicación (TIC), pero sus consecuencias actuales son un obstáculo grave para el desarrollo igualitario de las personas. Es importante conocer las posibilidades de comunicación con el uso de estas tecnologías en el contexto de las parejas y otros vínculos interpersonales, para estimar los mecanismos y efectos que ciertos actos conllevan de abusos y violencias poco visibles. Hoy en día, la literatura científica está aportando bases significativas que pueden ayudar a prevenir y reducir las ciberviolencias.

El capítulo séptimo se titula *La prevención de la violencia intragénero en las relaciones de parejas adolescentes de igual género* y se estructura en dos partes fundamentales. La primera de carácter teórico, para establecer y delimitar qué se entiende por *violencia intragénero* y cómo deben actuar las personas ante este tipo de situaciones, concretando y especificando unas orientaciones. Por ejemplo, se explica que "sacar a una persona del armario" sin su consentimiento, puede considerarse una forma de *violencia intragénero*. Posteriormente, la segunda parte, se centra en intervenciones educativas con la finalidad de dotar al alumnado de la capacidad de reconocer y prevenir situaciones de *violencia intragénero* e identificar los mensajes que posee la sociedad sobre estos actos, que, en algunos casos, pueden estar cargados de aspectos negativos.

El octavo capítulo, bajo el título de *Factores étnico-culturales asociados a la violencia en la pareja adolescente*, expone que la expresión de las diferencias culturales en la violencia en parejas adolescentes incluye los valores culturales, los roles de género, las normas familiares, las expectativas sociales, la exposición a la violencia, etc. Además, se parte de la idea de que la violencia en el noviazgo adolescente se puede prevenir, pero una prevención exitosa requiere una comprensión de los diferentes factores que están asociados con la perpetración y victimización por violencia en noviazgo adolescente. Los programas de prevención desarrollados en los centros educativos tienen que ser culturalmente adaptados y deben incluir aspectos positivos de las culturas de origen de los adolescentes pertenecientes a minorías étnicas. En este sentido, es necesario aprovechar los efectos protectores de la afirmación de la identidad étnico-cultural que pueden ser estrategias prometedoras de prevención de la violencia en noviazgo para los adolescentes.

Finalmente, el noveno y último capítulo desarrollan la educación afectiva y sexual para adolescentes, y el tema del consentimiento.

Todos los capítulos contemplan dos partes; una primera, con aspectos teóricos del tema que se trata, y una segunda, en la que se desarrollan varias actividades para realizar con los estudiantes. Estas actividades, en ocasiones, incorporan a la familia, aunque sea desde el desarrollo en el seno del hogar y el análisis posterior en el centro educativo.

© narcea, s. a. de ediciones

1

La violencia y sus tipos entre parejas adolescentes

Mª Carmen Cerezo Maiquez
Josefina Lozano Martínez
Irina-Sherezade Castillo Reche

La violencia en las relaciones de pareja adolescente es una problemática creciente que no entiende de etnias, niveles socioeconómicos o tipo de creencias. La incidencia y gravedad en muchos casos ha creado un estado de alarma social que se refleja casi diariamente en los distintos medios de comunicación y redes sociales (López, 2017).

Esta violencia durante el noviazgo o en las relaciones de parejas jóvenes *(dating violence)* es definida como todo ataque intencional de tipo sexual, físico o psíquico, de un miembro de la pareja contra el otro (Hernando, 2007). También es entendida como aquella violencia en la que existe una atracción por parte de dos personas, donde se producen actos que perjudican a una de las partes de la pareja (Close, 2005).

Según los datos del Instituto Nacional de Estadística (INE, 2023) el número de mujeres víctimas de violencia de género aumentó un 8,3% en el año 2022, hasta 32.644, y lo más preocupante es que la tasa de víctimas de violencia de género fue de 1,5 por cada 1.000 mujeres de 14 y más años. Se comprueba que esta violencia se inicia en edades tempranas, así en este mismo estudio (INE, 2023), en el año 2022, se indica que el 0,6 por cada 1.000 mujeres son víctimas de violencia de género; y estas eran menores de 18 años. Por este motivo, Save the Children (2021) insiste en la necesidad de que los adolescentes de entre 13 y 17 años sean identificados como colectivo específico para tratar tal problemática, puesto que, según datos recogidos en el 2019, el 6,2% de las adolescentes de 16 y 17 años han sufrido violencia física por parte de parejas o exparejas, el 6,5% violencia sexual, el 16,7% violencia emocional y el 24,9% violencia psicológica o de control. En los últimos datos publicados por ANAR (Ballesteros, 2023), se indica que ha habido un aumento de la violencia de género en niñas y adolescentes que se corresponde con 11.031 niñas/adolescentes atendidas por este motivo, en los últimos cuatros años, 2018-2022.

Así, concluye, que han aumentado en un 39,7% los casos de menores atendidas por violencia, siendo principalmente las causas: violencia de género, doméstica, sexual y otros tipos de violencia psicológica o física. Estos datos nos hacen cuestionarnos la importancia de una intervención desde el contexto escolar, para paliar esta situación (InfoLibre, 2021, 19 de octubre), pero antes enunciaremos los distintos tipos de violencia

Violencia de control o psicológica

Es la forma de violencia más común en este tipo de relaciones, integra también la violencia verbal y emocional, se trata de una violencia sutil que no siempre despierta las alarmas del entorno, puesto que en muchos casos es entendida bajo los mitos del amor romántico y estereotipos (Save The Children, 2021).

El maltrato psicológico o emocional entre adolescentes se origina cuando uno de ellos produce hacia el otro actitudes incorrectas como gritos y enfados sin fundamento. También, las críticas, amenazas, desprecios o humillaciones son objeto de maltrato y ocasionan un gran impacto en la víctima que lo recibe. La intimidación también sería una forma de ejercer la violencia verbal, teniendo un efecto de temor sobre la persona, neutralizando su capacidad de defensa y respuesta (Ramos et al., 2012). Existen diferentes formas en la que esta violencia verbal puede manifestarse, afectando no solo a la víctima sino a la relación que une a la pareja, entre ellas destacamos: pequeños comentarios sarcásticos o críticas sobre lo que hace el otro, *quejas, insultos, ofensas que buscan molestar, humillar y menospreciar a la otra persona; en muchas ocasiones estas manifestaciones se realizan en la intimidad de la pareja* (ver Tabla 1.1).

TABLA 1.1. SITUACIONES RELEVANTES DE VIOLENCIA DE CONTROL	
– Amenazas y chantajes	– No confiar, romper la comunicación y el diálogo
– Desconfiar de la capacidad del buen hacer del otro	– No valorar el esfuerzo del otro, anulándolo constantemente
– Imponer la opinión, sin tener en cuenta el punto de vista del otro	– Olvidar intencionadamente fechas o acontecimientos destacables
– Manifestar celos sin fundamento	– Ordenar y exigir mucho, sin considerar la opinión del otro
– No aceptar el pensamiento o las ideas diferentes	

Fuente: Elaboración propia.

Cuando se produce esta situación, la persona maltratada ve dañada su autoestima, a pesar de que el abusador no tiene plena consciencia de estar ejerciendo violencia sobre el otro; pero se está fomentando una relación tóxica (Arreola et al., 2012).

La violencia física

Se designa con el término de agresión física aquel acto o ataque violento cuyo propósito es causar daño a quien va dirigido (Buelga y Pons, 2012). Pero en general, la violencia física es una consecuencia de la agresividad, que queda determinada por un componente biológico presente en el ser humano que lo conduce a cometer un daño físico. En muchos casos la fuerza física de los chicos es el desencadenante de este tipo de violencia.

La utilización de la fuerza por parte del agresor determina que la víctima resulte con heridas, fracturas, lesiones leves o graves, dependiendo de las circunstancias de los hechos. Las causas de este tipo de violencia son muy variadas, según la cultura, el sistema social, la época, etc. (ver Tabla 1.2). Entre las consecuencias que origina la violencia física podemos encontrar: homicidio, lesiones graves, suicidio, miedo, ansiedad, vergüenza y odio.

TABLA 1.2. CAUSAS QUE ORIGINAN LA VIOLENCIA FÍSICA
– Falta de conciencia y formación de los agresores, consideran que a través de golpes y bofetadas consiguen sus objetivos
– Falta de control, el no saber dominar los impulsos genera este tipo de violencia
– Falta de comprensión hacia el otro, muchas veces la exigencia, los celos o la falta de empatía llevan a estas situaciones
– Las adicciones, como el consumo de drogas y alcohol, son factores desencadenantes de esta violencia descontrolada

Fuente: Elaboración propia.

Violencia digital o ciberacoso

Se entiende por violencia digital "toda forma de invasión en el mundo de la víctima de forma repetida, disruptiva y sin consentimiento usando las posibilidades que ofrece Internet" (Ministerio de Sanidad, Servicios Sociales e Igualdad, 2013, p. 89). Los avances tecnológicos en la sociedad actual están provocando situaciones, en las que se pone en peligro nuestra privacidad sin que seamos

plenamente conscientes de ello. Esta realidad nos ofrece una especial vulnerabilidad de la intimidad y de la vida privada (Tavares et al., 2019).

Las tecnologías de la comunicación, particularmente el teléfono móvil, se
han convertido en un instrumento en el cual la comunicación y conexión entre
personas se da diariamente, y a través de él se manifiestan todas las emociones
y se exponen parcelas de la vida privada que no deberían salir a la luz (Merino,
2018); de este modo, constituye un potente instrumento para explorar, iniciar
y mantener relaciones sexuales y románticas (Narvaja, 2019). Pero al mismo
tiempo, el uso del móvil está provocando una serie de riesgos y consecuencias
negativas para las personas, que pueden ir desde la coacción o presión, hasta la
difusión sin permiso de cierto contenido a terceras personas (Elipe et al., 2019).

Algunos de los signos que indican que se está produciendo violencia digital o ciberacoso son los que aparecen en la Tabla 1.3.

TABLA 1.3. SEÑALES QUE IDENTIFICAN LA VIOLENCIA DIGITAL	
– Acosar o controlar a tu pareja usando el móvil – Censurar fotos que tu pareja publica y comparte en redes sociales – Comprometer a tu pareja para que te facilite sus claves personales – Controlar lo que hace tu pareja en las redes sociales – Espiar el móvil de tu pareja	– Exigir a tu pareja que demuestre dónde está con su geolocalización – Interferir en relaciones de tu pareja en Internet con otras personas – Mostrar enfado por no tener siempre una respuesta inmediata online – Obligar a tu pareja a que te envíe imágenes íntimas – Obligar a tu pareja a que te muestre un chat con otra persona

Fuente: Ministerio de Sanidad, Servicios Sociales e Igualdad (2013).

La violencia sexual

La Organización Mundial de la Salud (OMS, 2002) define la violencia sexual como:

> Todo acto sexual, la tentativa de consumar un acto sexual, los comentarios o
> insinuaciones sexuales no deseados, las acciones para comercializar o utili-
> zar de cualquier otro modo la sexualidad de una persona mediante coacción
> por otra persona independientemente de la relación de ésta con la víctima,
> en cualquier ámbito, incluidos el hogar y el lugar de trabajo (p. 161).

Entre los actos que podemos encontrar dentro de la violencia sexual se
encuentran el acoso verbal, la penetración, todo tipo de coacción, la intimidación
y la fuerza física.

Dentro de la violencia sexual podemos destacar el acoso sexual entendido como aquel comportamiento en el que una persona realiza avances no deseados de naturaleza sexual hacia otra persona, en diferentes contextos laboral, educativo, así como en la calle o espacios públicos y virtuales. Se trata, en muchos casos, de un comportamiento agresivo, en el que el acosador hace insinuaciones, amenaza, chantajea o hace aproximaciones físicas indeseadas, con la intención de obtener favores sexuales o placer.

Las señales que pueden indicar una situación de violencia o abuso sexual se podrían ver reflejadas en la Tabla 1.4.

TABLA 1.4. SEÑALES DE POSIBLE VIOLENCIA O ABUSO SEXUAL	
– Abuso de drogas y alcohol	– Huir de casa
– Comer compulsivamente o hacer una dieta extrema	– Miedo a la intimidad o cercanía
– Comportamientos autodestructivos (cortarse, quemarse)	– Señales de depresión o ansiedad
	– Pensamientos o intentos de suicidio
– Dinero extra o regalos sin explicación	– Promiscuidad sexual
– Higiene personal inadecuada	– Señales de depresión o ansiedad

Fuente: Elaboración propia.

Consideraciones finales

La violencia entre parejas adolescentes es un hecho relevante que continua presente y con mucha fuerza en los tiempos actuales. Las personas deben ser conscientes cuando reciben conductas agresivas y su comunicación inmediata es necesaria, aunque el temor sea inconmensurable. En muchas ocasiones, las distintas formas de violencia: física, psicológica y sexual surgen unidas, lo que ocasiona relaciones convulsas y traumatizantes para las personas que la padecen. Aparecen graves consecuencias personales y sociales en las víctimas, que padecen estas prácticas, como lo demuestran importantes estudios desde hace más de una década (Aroca et al., 2016; Castillo, 2018). Por tanto, el papel de la escuela debe ser decisivo en la denuncia de estas conductas, de ahí la necesidad de contar con un equipo docente sensible, capaz de empatizar con las víctimas y ayudarlas a afrontar con entereza estas situaciones denigrantes.

Constituye un tema de gran interés el modo de prevenir dicha violencia entre adolescentes a través de una formación en valores sólida y permanente (Dalouh y Soriano, 2020; Lozano et al., 2022a y 2022b). El papel que pueden desempeñar los centros educativos, a través de formación, desarrollo de planes de acción tutorial o creación de recursos, es fundamental para prevenir y mitigar posibles situaciones. Ello requiere un importante esfuerzo en la creación de materiales que apoyen la labor del profesorado en los centros educativos, proporcionándoles las herramientas básicas para afrontar esta lacra social. Con esta finalidad recogemos, a continuación, algunas **propuestas de actuación** que pueden ayudar a la prevención de la violencia en parejas adolescentes.

PROPUESTAS DE ACTUACIÓN

ACTIVIDAD 1	
DESCRIPCIÓN	A través de esta actividad, se pretende conocer e identificar los diferentes tipos de violencia, realizando una reflexión sobre lo que supone cada una de ellas.

DESARROLLO	OBJETIVOS
La clase se organizará por pequeños grupos, en los cuales, un miembro actuará de secretario y portavoz. Se elaborará una situación (puede ser un dibujo, un relato, una representación) donde haya violencia en una pareja de jóvenes que tienen entre 12 y 18 años, en 15 minutos. En ella, se analizará la violencia en parejas jóvenes y los tipos de violencia que conocen.	→ Conocer la violencia en parejas adolescentes y sus tipos. → Reconocer situaciones de violencia en parejas adolescentes.
Cada portavoz presentará las situaciones elaboradas, y se reflexionará durante 20 minutos sobre las siguientes cuestiones:	**PARTICIPANTES** • Alumnado de 13 a 18 años.
• ¿Qué habéis tenido en cuenta en el momento de pensar la situación? • ¿Qué se entiende por violencia en pareja? • ¿Qué manifestaciones de la violencia se describen en la situación planteada? • ¿Cómo actuarías frente a esa situación?	**AGRUPAMIENTOS** • Primera parte de la actividad: pequeño grupo de 3 a 4 personas. • Segunda parte de la actividad: gran grupo.
	RECURSOS ○ Cartulina, lápices, rotuladores...
Para finalizar la actividad se realizará un debate de 10 minutos, donde se recogerán las ideas destacadas de este debate y las plasmarán en una cartulina para después exponerla en el aula.	**TIEMPO** • 45 minutos.

EVALUACIÓN
Elaborar por pequeños grupos un registro de conclusiones en el cuaderno y completar las siguientes frases: ➤ Tras la actividad realizada, podemos describir la violencia en parejas jóvenes cómo... ➤ Los tipos de violencia entre parejas jóvenes son...

ACTIVIDAD 2	
DESCRIPCIÓN	En esta actividad se intentará sensibilizar y profundizar sobre los conceptos de violencia en parejas adolescentes y sus manifestaciones. El propósito de esta actividad es resignificar los conceptos abordados en la actividad anterior, a partir de testimonios reales.

DESARROLLO	OBJETIVOS
Se visualizarán los cortos propuestos y se analizará en pequeños grupos la situación descrita. Tras el visionado, se reflexionará acerca de las siguientes cuestiones: • ¿Por qué crees que hay situaciones de violencia en estos videos? • ¿Qué tipo de violencia se describe? • ¿Cuáles son las manifestaciones de esa violencia? • ¿Cómo se sienten Carla y Alba? • ¿Crees que Carla y Alba contaban con el apoyo de su entorno? Una vez que se ha reflexionado en pequeño grupo, se comentará en gran grupo las conclusiones y se creará un debate acerca de las situaciones descritas. Tras el debate en gran grupo, se volverá al pequeño grupo para plasmar en una cartulina con una frase, dibujo o eslogan, las ideas principales que representan aquellos elementos de una relación saludable de pareja.	→ Conocer la violencia en parejas adolescentes y sus tipos. → Reconocer situaciones de violencia en parejas adolescentes. → Ofrecer modelos saludables de relación. **PARTICIPANTES** • Alumnado de 13 a 18 años. **AGRUPAMIENTOS** • Primera parte de la actividad: pequeño grupo de 3 a 4 personas. • Segunda parte de la actividad: gran grupo. • Tercera parte de la actividad: pequeño grupo de 3 a 4 personas. **RECURSOS** o *#NoesAmor.Testimonio de Carla. Violencia de género entre adolescentes* (https://www.youtube.com/watch?v=uqWUys5Kg_A). o *#NoesAmor.Testimonio de Alba. Violencia de género entre adolescentes* (https://www.youtube.com/watch?v=gfQ6ATzZ-6U). o Cartulina, lápices, rotuladores… **TIEMPO** • 5 minutos para la visualización de los testimonios. • 10 minutos para la reflexión en pequeño grupo. • 25 minutos para el debate en gran grupo.

EVALUACIÓN
Retomar el registro elaborado a partir de la actividad anterior e incorporar: ➤ ¿Qué aspectos podríamos añadir sobre la violencia en parejas adolescentes? ➤ ¿Qué otras manifestaciones podrían agregarse?

ACTIVIDAD 3

DESCRIPCIÓN	En esta actividad se busca dialogar y reflexionar de manera crítica, en familia, sobre la violencia en parejas adolescentes.

DESARROLLO	OBJETIVOS
Se propone visualizar el cortometraje *"Despierta"* para posteriormente reflexionar en familia sobre el visionado.	→ Sensibilizar acerca de la temática de la violencia en parejas jóvenes. → Promover el diálogo familiar sobre la temática.

PARTICIPANTES

• Familias y alumnado.

AGRUPAMIENTOS

• Trabajo en familia.
• Gran grupo-clase.
• Pequeño grupo de 3-4 personas.

RECURSOS

o Cartulina, lápices y rotuladores.
o *Despierta - Cortometraje Violencia de Género* (https://www.youtube.com/watch?v=cQwJxhIF4Dl).

TIEMPO

• 30 minutos aproximadamente para el debate grupal.
• 20 minutos para el trabajo en pequeño grupo.

EVALUACIÓN

Se retomará la actividad en gran grupo para analizar las respuestas aportadas por el alumnado y sus familias. Tras ese análisis se recogerán las ideas del grupo y se plasmarán en un poster (cartulina) realizado en pequeños grupos.

RECUERDA

El Informe *No es Amor* de *Save The Children* (2021) nos muestra que:

➤ Podemos entender la violencia entre parejas jóvenes cómo "toda forma de violencia física, psicológica, sexual o verbal que es ejercida sobre las adolescentes por sus parejas, exparejas, también adolescentes, o situación sexoafectiva análoga" (p. 9).

➤ "El agresor no suele ejercer violencia al principio de la relación, sino cuando hay lazos afectivos más estrechos y suele comenzar de una forma sutil (psicológica, de control), que va escalando hasta acabar en la violencia física" (p. 19).

Para saber más

- *Propuestas didácticas para centros educativos. Portal de Igualdad y Prevención de Violencia de Género.* Comunidad Autónoma de la Región de Murcia (https://igualdadyviolenciadegenero.carm.es/coeducacion).
- Analizar el artículo *Cómo prevenir la violencia en las parejas adolescentes* (https://theconversation.com/como-prevenir-la-violencia-en-las-parejas-adolescentes-106017).
- Analizar el artículo *Diez señales para detectar relaciones tóxicas en adolescentes* (https://theconversation.com/diez-senales-para-detectar-relaciones-toxicas- en-adolescentes-216960).
- Lee esta noticia (Diario *La Opinión* de Murcia) e investiga en otros periódicos y revistas, si han ocurrido situaciones similares en las últimas semanas: *Violencia de género en parejas adolescentes: del control al abuso emocional* (https://acortar.link/cvQwbp).

2

Señales de alarma de la violencia en parejas adolescentes

Josefina Lozano Martínez
Irina-Sherezade Castillo Rechez
Mª Carmen Cerezo Maiquez

Los estereotipos de género que se han aprendido en el contexto social se reproducen, de algún modo, en las relaciones de noviazgo. Los estudios de género han demostrado que el aprendizaje sociocultural del "ser hombre" y del "ser mujer" explica las diferencias en las formas de relacionarse, basándose en mitos o creencias sobre la relación de pareja (Ministerio de Desarrollo Social, 2021). Los datos sobre la violencia en el noviazgo nos llevan a pensar que, no solo es una problemática que se mantiene a lo largo del tiempo, sino que la percepción de haber sufrido situaciones de violencia en la pareja entre 2017 y 2021 aumentan en ambos sexos (Rodríguez et al., 2021).

Además, lo más preocupante, según indica la Organización Mundial de la Salud (2021) es que estos comportamientos se mantienen, en gran proporción de casos cuando se llega a la adultez. Por ello, en su informe se afirma que tres de cada diez adolescentes denuncian sufrir violencia durante el noviazgo y un número significativo de estos adolescentes, que ya comenzaron con estas experiencias de maltrato, sobre todo mujeres, vivencian violencia durante el matrimonio. Por consiguiente, el tema requiere de un trato especial desde la familia y la escuela y es necesario reconocer esas primeras señales de alarma como prevención de situaciones de riesgo (Dalouh et al., 2023; Dalouh y Soriano, 2020; Lozano et al., 2022a).

¿Qué causas llevan a la violencia en el noviazgo adolescente?

Si buscamos las posibles causas de ello, podemos comprobar que "la *normalización* de estos comportamientos en la adolescencia es posiblemente mayor que en otras edades" (Hernando-Gómez et al., 2016, p. 5), dado que la invisibilización de estas actitudes, es decir, no reconocer como violenta esa forma de actuar es algo frecuente (Rodríguez y Soriano, 2021) lo que "dificulta que la víctima pueda identificarse como tal o escapar de la situación de violencia" (Save The Children, 2021, p. 19). Concretamente, este informe, titulado *No es amor*, destaca que "uno de cada cinco chicos de entre 15 y 29 años considera que la violencia de género no existe, que es un invento ideológico" (p. 7). También, en el informe de la FAD, en el Barómetro de la Juventud y Género (Rodríguez et al., 2021) se comprueba que, mientras un mayor porcentaje de mujeres consideran que la violencia entre parejas es un problema grave, los hombres lo hacen de una manera menos preocupante ya que en mayor medida piensan que no existe, que es habitual en una pareja, que siempre ha existido y que esta preocupación no tiene lugar, porque si es de poca intensidad no supone un problema.

Por otro lado, la idea del *"amor romántico"*, fomentada por creencias sobre los comportamientos idóneos de una relación sentimental donde prime el amor por encima de todas las cosas, puede provocar una situación de violencia de género, ya que fomenta la idea de permanecer en la relación sentimental a toda costa y donde el control es aceptado, consentido y tolerado ya que se asocia al amor (Cerro y Vives, 2019). Por consiguiente, la existencia de comportamientos vinculados al control, la humillación, la violencia verbal y la intimidación aparecen como forma de violencia (Rodríguez, 2015; Nieves, 2021).

La *exposición a modelos de violencia o las características de la relación* (antigüedad, nivel de compromiso, edad de sus integrantes) serán elementos favorecedores de su continuidad y permanencia. Es bastante habitual que las primeras agresiones en el noviazgo no conduzcan a la ruptura de la relación, sino que permanezca sobre la base de ciertas ideas como, por ejemplo, "el amor lo puede todo", "no se puede ser feliz sin pareja" y otros mitos o creencias fuertemente arraigadas sobre la base de un ideal del amor romántico (Ministerio de Desarrollo Social, 2021).

Este *amor romántico*, que está basado en una serie de ideas falsas o mitos, parece ser según los adolescentes, el único, verdadero e indispensable elemento para ser feliz en la vida. Algunos de estos mitos, según Castillo (2018), serían un amor que llegará como un flechazo, que se encuentra de repente, que durará toda la vida, que te completa como una media naranja, que todo lo puede, que es mágico, que requiere sacrificio y renuncia a lo que te gusta, que supone compartirlo todo hasta las claves del móvil y las redes sociales. El amor es entrega total, no se puede ser feliz sin pareja; un amor que no existe si no hay celos.

Llegados a este punto, podemos resaltar la importancia de la educación como forma de revertir las situaciones de violencia (Juarros-Basterretxea et al., 2019; Rubio-Garay et al., 2019) y la necesidad de establecer planes educativos para prevenirla a partir del trabajo igualitario de actitudes y valores, así como el abordaje de los roles de género.

Señales de alarma como prevención de situaciones de riesgo

Tanto en la familia como en la escuela es fundamental estar alerta ante posibles señales que, si son reiteradas o frecuentes, podrían indicar que la relación de pareja es tóxica. Muchos jóvenes no saben cómo buscar ayuda cuando su novio o novia es una persona violenta; mientras que otros adolescentes son violentos con su pareja y no saben dónde pedir ayuda. Por consiguiente, es importante conocer las principales señales de alarma de la violencia en parejas adolescentes (Castillo, 2018) tanto por parte de docentes como de la familia, incidiendo, además, que es fundamental que estos profesionales y familiares de los adolescentes sean capaces de tener la suficiente formación no solo para identificar las primeras manifestaciones, sino que, también, conozcan qué hacer y dónde acudir cuando tengan necesidad de ayuda para detener dicha violencia (Diputación de Alicante, 2013).

Señales de alarma en la víctima, mayoritariamente en la chica

- Cambios de actitud en la forma de ser, en los gustos y aficiones siempre motivados por la influencia de la pareja.
- Cambios en la forma de vestir
- Aislamiento de amigos, compañeros y familiares.
- Dependencia de la pareja a través del móvil y las redes sociales
- Disminución en el rendimiento escolar y falta de asistencia al centro educativo, llegando incluso a abandonar los estudios.
- Mentir y ocultar a sus familiares estas conductas abusivas que está sufriendo e incluso, en el caso de las chicas, llegando a justificar los maltratos machistas de su pareja afirmando que estos lo hacen por amor.

- Mostrar señales físicas de agresiones, marcas, cicatrices, moratones o rasguños
- Presentar cambios en el estado de humor que antes no tenía; le cuesta concentrarse, problemas de sueño, baja autoestima.
- Mostrarse confusa e indecisa respecto a la relación de pareja.

Señales de alarma del agresor, mayoritariamente en el chico

- Baja autoestima, inseguridades, cambios de humor imprevisibles e injustificados. En el caso de los chicos se comprueba falta de autocontrol e ira, sobre todo cuando se le ponen límites.
- Responsabiliza a los otros de sus problemas.
- Intenta controlar a su pareja reiteradamente (especialmente a través del uso del móvil)
- En el caso de los chicos, estos hacen comentarios humillantes de su pareja delante de los demás
- Considera que su pareja le pertenece y la aísla de familiares y amigos
- Justifica las actitudes de control, restándoles importancia o con muestras de amor o cuidado
- Tiene actitudes y comportamientos violentos, sobre todo en el caso de los chicos, quienes recurren a amenazas o intimidación como medio de control.
- En el chico se aprecian creencias y actitudes machistas, de subordinación de la mujer al hombre.

Consecuencias para las parejas adolescentes que sufren violencia. Qué hacer y cómo prevenirla

Podemos afirmar que las consecuencias pueden oscilar de leves hasta graves y, entre ellas, según la *Guía de actuación contra la violencia de género en el ámbito educativo* (Comunidad Autónoma de la Región de Murcia, 2019), podríamos destacar tres tipos de consecuencias: emocionales, físicas y sexuales:

- *Emocionales*: en cuanto que se causa daño en la autoestima, con el consecuente empobrecimiento del círculo social y alejamiento de familiares y amigos.

- *Físicas*: donde se recogerían las lesiones físicas permanentes: fracturas, golpes en la cabeza, moratones, etc.
- *Sexuales*: en cuanto que las violaciones y abusos dejan marcas a nivel psicológico y emocional.

Cuando alguien cercano es víctima de un noviazgo violento y necesita ayuda, nos podemos encontrar que bien es un alumno o alumna, o incluso, un hijo o hija, y puede ocurrir que esta persona reconozca que sufre maltrato y lo cuente, o, también, que no lo reconozca y no lo comente. En estos casos es importante acompañar, sin juzgar ni presionar, pues esta persona necesita sentirse querida y acompañada, principalmente por su círculo más íntimo.

Tengamos en cuenta que ser consciente de que la relación no va bien es un primer paso fundamental para salir de ella (Castillo, 2018). En estas situaciones es primordial, también, la ayuda que puede ejercer su grupo de amistades, pero, para ello es necesario facilitar orientaciones previas para la ayuda.

El centro educativo en el que estudia, también, puede ayudar. Se podrían llevar a cabo actuaciones de apoyo y protección expresa o indirecta, actividades de educación emocional, intervención individualizada por el Servicio de Orientación para el aprendizaje y desarrollo de habilidades sociales, de comunicación, autoestima, asertividad... o cualquier otra que pueda ayudar en el proceso de recuperación (Boqué, 2023). Pero, indiscutiblemente, la familia es el medio natural por excelencia para intentar favorecer dicha intervención de ayuda, y se ha de contar con ella cuando se desee llevar a cabo cualquier actuación de apoyo. Por consiguiente, un programa de prevención ha de incluir no solo con los docentes del centro, sino con las familias y el alumnado (Castillo, 2018; Ministerio de Desarrollo Social, 2021; Díaz-Aguado et al., 2021).

Pensemos que hemos de ayudar al joven que maltrata y a la víctima. El desafío está en las manos de la comunidad educativa quien, a través de talleres, tutorías, campañas de sensibilización y actividades de difusión, puede ayudar a erradicar esta violencia en parejas adolescentes que están escolarizados en los centros educativos y que son ciudadanos de esta sociedad (Lozano et al., 2022a).

PROPUESTAS DE ACTUACIÓN

A continuación se proponen una serie de propuestas de actuación con la finalidad de ayudar a los adolescentes a identificar aquellos comportamientos violentos que pueden tener lugar en el noviazgo. El objetivo es fomentar el análisis y rechazo ante estas situaciones de violencia entre parejas adolescentes, promoviendo relaciones saludables desde la colaboración familia-centro educativo.

ACTIVIDAD 1

DESCRIPCIÓN	A través de esta actividad, se pretende identificar aquellos comportamientos violentos que pueden tener lugar dentro de una relación de pareja.

DESARROLLO

Para comenzar con la actividad la clase se organizará en pequeños grupos. Cada grupo tendrá una cartulina dividida en tres secciones, las cuales denominará "es violencia", "no es violencia", "en duda".

A continuación, se proyectarán en la pizarra a disposición de toda la clase una serie de enunciados (Anexo) que, en pequeño grupo, tendrán que decidir, en qué casilla de la cartulina lo situarán.

Para finalizar, se realizará una puesta en común compartiendo con el gran grupo su elección. Cada pequeño grupo elegirá una o un portavoz para compartir lo debatido con el gran grupo.

Con esta actividad se pretende identificar las situaciones de violencia, los diferentes elementos y patrones de las relaciones violentas entre jóvenes y fomentar el espíritu crítico ante ellas.

OBJETIVOS

→ Identificar situaciones y elementos violentos en el noviazgo.
→ Fomentar el análisis y el rechazo ante las situaciones de violencia.

PARTICIPANTES

• Alumnado de 13 a 18 años.

AGRUPAMIENTOS

• Pequeño grupo: de 3-4 personas.
• Gran grupo.

RECURSOS

o Cartulina, lápices, rotuladores, enunciados y proyector.

TIEMPO

• 15 minutos para la organización de los enunciados en pequeño grupo.
• 25 minutos para la puesta en común.
• 15 minutos para el debate final.

EVALUACIÓN

Una vez elaboradas las cartulinas con los enunciados situados en cada una de las secciones, se evaluará si los alumnos y alumnas son capaces de detectar los signos de alarma ante la violencia. Además, se evaluará la capacidad crítica y de reflexión que presentan acerca de la violencia mediante el debate final.

ANEXO

– Ambos miembros de la pareja tienen espacios con amigos y amigas.
– Cada uno tiene sus actividades de ocio y de diversión.
– Respeta las decisiones que tomo a pesar de que él o ella opina de manera diferente.
– Controla tu móvil y tus redes sociales.
– Le molesta que tarde en responder un mensaje.
– Siente celos de mis amigos/amigas.
– Se muestra protector/a hacia ti diciéndote cosas como "yo sé lo que es bueno para ti" o "yo sé lo que te conviene".

– Tenéis confianza mutua.
– Te dice que "sería capaz de cualquier cosa" si lo dejaras.
– Se alegra por ti cuando te pasan cosas buenas.
– Cada uno se viste o actúa como quiere sin que el otro/a intente cambiarlo.
– Cada uno/a tiene tiempo para sí mismo/a.
– Le cuesta mucho disculparse.
– Se burla de ti o te avergüenza.

ACTIVIDAD 2

DESCRIPCIÓN	Con esta actividad se pretende que los y las estudiantes sepan identificar aquellas conductas y elementos propios de las relaciones violentas.

DESARROLLO	OBJETIVOS

DESARROLLO

La actividad se llevará a cabo en dos sesiones.

1. En la primera sesión, los y las alumnas buscarán en el buscador de internet el hashtag "RedFlag" (Bandera Roja) y seleccionarán contenido que consideren que hace referencia a elementos que puedan indicar violencia en la relación de noviazgo. El contenido seleccionado puede ser una frase, una imagen, una ilustración, un dibujo, etc. Una vez que selecciones el contenido, se pondrá en común en pequeño grupo, se reflexionará acerca de lo que se ha seleccionado y por qué y se plasmará todo en una misma cartulina.

   Para finalizar, los pequeños grupos expondrán al gran grupo las "RedFlags" que han encontrado y explicarán por qué consideran que pueden ser indicadores de conductas violentas.

2. En la segunda sesión, se trabajará sobre la cartulina realizada en la primera sesión con el propósito de convertir las "RedFlags" en "Green-Flags" (Bandera Verde), de forma que se ofrezca una alternativa a las conductas violentas en conductas saludables. Una vez elaborado por pequeños grupos, se comentará en gran grupo y se reflexionará sobre las nuevas propuestas. Posteriormente, las cartulinas elaboradas de "RedFlags" y "GreenFlags" serán expuestas en el aula.

OBJETIVOS

→ Identificar elementos y conductas violentas en una pareja o en una relación de noviazgo.

→ Fomentar una actitud de rechazo ante las situaciones de violencia en el noviazgo.

PARTICIPANTES

• Alumnado de 13 a 18 años.

AGRUPAMIENTOS

• Pequeño grupo: de 3-4 personas.
• Gran grupo.

RECURSOS

o Cartulinas, rotuladores, ordenadores…

TIEMPO

1° Sesión
• 10 minutos para la selección individual del RedFlags.
• 15 minutos para la puesta en común del RedFlags y la creación de la cartulina en pequeños grupos.
• 35 minutos para la puesta en común con el gran grupo.

2° Sesión
• 20 minutos para la elaboración por pequeños grupos de la cartulina GreenFlags.
• 35 minutos de puesta en común con el gran grupo.

EVALUACIÓN

➤ En pequeños grupos se debe elaborar un Kahoot de 5 preguntas para realizar en el gran grupo, que incluya preguntas referidas a los conceptos abordados.

ACTIVIDAD 3

DESCRIPCIÓN	El propósito de esta actividad es que los y las estudiantes realicen un vídeo de sensibilización de la violencia entre los jóvenes y ofrezcan un nuevo modelo más saludable e igualitario de relación.

DESARROLLO

Para el desarrollo de la actividad se van a necesitar tres sesiones.

1. La primera de ellas se dedicará a pensar la situación que se pretende plasmar en el vídeo. Para ello, se organizará la clase por pequeños grupos y se escribirá el guion de la historia, destacando aquellos elementos violentos y signos de alarma de la violencia. Además, se creará el guion de una situación inversa, en la que se represente una relación de pareja sana en la que no exista violencia. Una vez que se hayan creado las dos situaciones, una de relación violenta y otra de relación sana, los y las estudiantes crearán un vídeo representando dichas situaciones.

2. En la segunda sesión se visualizarán los vídeos elaborados y los diferentes grupos explicarán al gran grupo qué han entendido ellos y ellas por relación violenta y relación sana y de qué manera han querido representarlo en el vídeo.

Tras el visionado de todos los vídeos y la explicación de todos los grupos, se cerrará la sesión con una pequeña reflexión grupal acerca de las relaciones de noviazgo. Asimismo, cada estudiante tendrá que relatar en casa cómo se fueron construyendo los distintos vídeos, así como los diversos conceptos abordados. Luego, plantearán a sus familias las siguientes interrogantes para reflexionar en conjunto:

• ¿Consideras que son frecuentes las relaciones tóxicas de noviazgo?

• ¿Cómo ayudarías tú a una persona que está viviendo una relación violenta de pareja?

• ¿Cómo sería para ti una relación ideal?

• ¿Qué cualidades valoras más de tu pareja?

3. La tercera sesión se dedicará a una puesta en común de las cuestiones realizadas a las familias. Para asegurar la confidencialidad, las respuestas serán depositadas en un buzón de manera anónima y se comentarán en gran grupo para reflexionar sobre ellas.

OBJETIVOS

→ Sensibilizar a los adolescentes y familiares ante las situaciones de violencia entre parejas jóvenes.

→ Visibilizar las situaciones de violencia entre parejas jóvenes.

→ Promover modelos de relaciones saludables desde la colaboración familia-escuela.

PARTICIPANTES

• Familias y alumnado.

AGRUPAMIENTOS

• Pequeño grupo de 3 o 4 personas.
• Trabajo en familia.
• Gran grupo-clase.

RECURSOS

○ Papel, bolígrafo, cámaras, proyector y buzón de respuestas.

TIEMPO

• 3 sesiones de una hora aproximadamente.

EVALUACIÓN

➤ Elaborar una tabla con indicadores de evaluación de manera colectiva.

➤ Realizar jornada de visualización de los cortos.

➤ Realizar una evaluación de cada uno de ellos y producir una devolución para cada grupo.

Para saber más

- *Plan de igualdad: Fomento de la Coeducación.* IES Poeta Sánchez Bautista de Murcia. (https://www.murciaeduca.es/iespoetasanchezbautista/sitio/upload/ PI_-_DIB.pdf).
- *Guía de actuación contra la violencia de género en el ámbito educativo.* Comunidad Autónoma de la Región de Murcia. (https://www.murciaeduca.es/cpanita arnao/aula/archivos/repositorio//1000/1110/Guia_de_actuacion_ contra_la_violencia_de_genero_en_el_ambito_educativo.pdf).
- *Material educativo "Hay salida" para la prevención de la violencia basada en género en la adolescencia.* Ministerio de Sanidad, Servicios Sociales e Igualdad. (https://www.murciaeduca.es/cprregiondemurcia/sitio/upload/DGVG_ INFORMA_MATERIAL_EDUCATIVO_NUEVO.pdf)
- *Familia y escuela: Guía práctica para escuelas de madres y padres eficaces.* Publicaciones de la Consejería de Educación, Formación y Empleo de la Región de Murcia. (http://www.carm.es/web/pagina?IDCONTENIDO= 10715&IDTIPO=246&RASTRO=c$m4330).
- *Diez "Redflags" para poder reconocer la violencia de género en el día a día de una relación.* Generalitat Valenciana. (https://www.sontusderechoscv.com/diez-red-flags-para-poder-reconocer-la-violencia-de-genero-en-el-dia-a-dia-de-una-relacion/).

3

Los mitos del amor romántico en los adolescentes y su incidencia en la violencia del noviazgo

Encarnación Soriano Ayala

Las teorías y enfoques en el estudio del amor romántico han sido diversos. Para psicólogos y científicos sociales, la experiencia amorosa se encuentra en todas las culturas y sin duda, es una de las situaciones más estimulantes en las vidas de las personas. El vínculo romántico entre individuos forma parte del ciclo vital y de la evolución de la humanidad y tiene carácter transcultural, es decir, es compartido por todos los grupos humanos (Hatfield y Rapson, 2010). Hatfield, Rapson y Martel (2007), mantienen la idea de que, si bien el amor es un fenómeno universal y transcultural, el constructivismo social tiene razón cuando indica que el significado del amor está ligado a un contexto, cultura y época determinada (Beall y Sternberg, 1995; Karandashev, 2017; Bonilla y Rivas, 2018). De este modo, "el amor romántico está enraizado en los valores socioculturales creados y vividos como experiencia individual y colectiva, transmitidos a través de la historia" (Martínez-Plana, 2004, p. 10).

El amor romántico

El amor romántico es un fenómeno complejo que incluye estimulación fisiológica, mecanismos perceptivos y procesos interpretativos, y se sitúa en la conexión donde convergen lo corporal, lo cognitivo y lo cultural. El amor romántico es una combinación de creencias, ideales, actitudes y expectativas que coexisten en la mente de la persona de forma consciente o inconsciente (Karandashev, 2017).

Los estudios llevados a cabo en las últimas décadas han permitido identificar los atributos clave del amor romántico y definirlo como una constelación de emociones, procesos cognitivos y comportamientos. *Las experiencias de amor romántico incluyen los siguientes componentes* que señala Karandashev (2017, 2019):

1. *Una preocupación cognitiva por la persona amada*, que incluye vivir una imaginación y un pensamiento intrusivo sobre ella (o la fascinación). En el caso del amor no correspondido, la fantasía ayuda a imaginar la reciprocidad.

2. *Idealización de la persona amada* que incluye una tendencia a enfatizar las cualidades positivas y minimizar, ignorar o racionalizar las negativas.

3. *Un deseo de fusión y unión física y emocional* con la persona amada y el anhelo de mantener la proximidad física, la intimidad física y psicológica, incluida la atracción física y sexual hacia esta persona como posible pareja sexual.

4. *El enfoque exclusivo de la emoción y la motivación en una persona en particular* y la presuposición tácita de que el amor está dirigido hacia alguien cuyas cualidades reales o idealizadas lo distinguen de todas las demás personas. El amor romántico supone la incapacidad de reaccionar ante más de una persona a la vez.

5. *Anhelo de reciprocidad de sentimientos y deseo de ser exclusivo* con un ser querido. Esto se relaciona con el miedo al rechazo, la inquietante timidez ante la presencia de la persona amada y el sentimiento de incertidumbre.

6. *Sensibilidad a cualquier comportamiento que pueda interpretarse favorablemente* y capacidad para ver pasión oculta en el comportamiento aparentemente neutral de la persona objeto de amor.

7. *Apego y dependencia emocional.* El estado de ánimo depende de la reciprocidad de sentimientos y acciones, y de la proximidad física y emocional con la persona amada.

8. *Una fuerte empatía, cariño e interés por la persona amada* y deseo de satisfacer sus necesidades. No es necesariamente altruismo en el sentido amplio, ya que puede implicar interés propio y necesidad personal.

9. *Reordenamiento de prioridades en la vida y jerarquías de valores y motivaciones.* El mantenimiento de la relación se vuelve de importancia central, a menudo a expensas de otras preocupaciones, intereses, responsabilidades y actividades de la vida.

10. *Intensificación del amor por la adversidad.* Se ha aprendido de las novelas románticas que el amor crece a través de la adversidad y cómo los amantes la superan.

El amor romántico es vulnerable y estas expectativas idealizadas pueden romperse si la realidad del comportamiento y las relaciones de una pareja desencantan a un amante apasionado. Según un principio de motivación, las expectativas más altas conducen a mayores insatisfacciones.

El amor romántico es opuesto a un tipo de amor más realista, más objetivo y equilibrado. En este tipo de amor las personas también toman decisiones y elecciones más realistas en el amor. Expectativas más realistas y modestas conducen a menores desencantos y, por tanto, a una mayor probabilidad de satisfacción en la relación.

Las relaciones románticas

La relación de pareja es un vínculo sentimental de tipo romántico que une a dos personas del mismo o diferente género (Pérez y Gardey, 2021). Esta relación vincula a dos individuos a lo largo del tiempo, y en ella existe atracción, física, sexual, en características de personalidad, en intereses o habilidades, e implica compañía, afecto, compañerismo, intimidad, reciprocidad, apoyo y protección (Brown, Feiring y Furman, 1999; Furman y Simon, 1999; Furman y Winkes, 2012; Peterson, 2014; Wainstein y Wittner, 2003). En la relación romántica se considera el compromiso, la intimidad, el romance y el amor como cuatro de sus componentes (Cid, 2011). El romance, en este caso, hace referencia a "un conjunto de acciones que en una sociedad son conceptualizadas como demostrativas del interés de pareja que un individuo tiene o mantiene en referencia a otro" (Cid, 2011, p. 329).

Yela (1997), define el compromiso como el interés y responsabilidad que se siente por una pareja y por la decisión de mantener dichos intereses con el transcurso del tiempo pese a las posibles dificultades. En cambio, la intimidad hace referencia al apoyo afectivo. No obstante, el componente por antonomasia de estas relaciones y que establece su naturaleza romántica es el amor. Se ha considerado como el único motivo para iniciar una relación, considerándose el rasgo más común de las relaciones de pareja (Brenlla, Brizzio y Carrera, 2004). Tradicionalmente se han considerado las relaciones románticas como uno de los motores del comportamiento humano y fuente de felicidad (Alberdi, 2004).

¿El amor romántico es universal y transcultural?

No existe una definición universal o uniforme de amor romántico aplicable a todas las personas y culturas. El concepto de amor es una construcción personal, una categoría social y una idea cultural que las personas crean en sus mentes, almas, emociones y comportamiento (Beall y Sternberg 1995; Berscheid y Meyers 1996). Es decir, el amor romántico es una construcción social y cultural; es producto de imaginaciones literarias, connotaciones académicas, sueños, pero a veces, es una cuestión de relaciones reales.

¿El amor romántico está presente en todas las culturas? Karandashev (2017) habla de dos enfoques diferentes del concepto de amor romántico: categórico y dimensional. Desde el punto de vista categórico la cuestión es si el amor romántico está presente o ausente en diversas culturas. Muchos estudiosos que siguen este enfoque pretenden demostrar que el concepto de amor romántico es una idea indígena, que estaba presente antes de la colonización occidental, y otros teóricos sostienen que el amor romántico ha sido extraño en muchas culturas durante mucho tiempo. Desde el enfoque dimensional se entiende el amor romántico como un concepto multidimensional, por lo que, en algunas culturas, una o varias dimensiones del amor pueden estar presentes, mientras que, en otras culturas como las occidentales, se puede observar una densa acumulación de todas las dimensiones que definen al amor romántico.

Relaciones románticas en la adolescencia

Para Smetana, Campione-Barr y Metzger (2006), el periodo adolescente se divide en tres etapas:

1) Inicio de la adolescencia entorno a los 10-13 años.

2) Etapa intermedia, entre los 14 a 17 años.

3) De los 18 hasta los primeros años de la década de los 20.

En estas etapas las relaciones románticas adolescentes son importantes para el ajuste y el desarrollo individual (Collin, Welsh y Furman, 2009). Aunque este capítulo trata las relaciones románticas, no podemos obviar, que, junto a las relaciones románticas, las relaciones de amistad también han sido consideradas como un elemento de apoyo importante en la adolescencia y que esta relación de amistad desemboca a veces en una relación romántica. Ambas, las relaciones de amistad y las relaciones románticas, se han vinculado con el bienestar psicológico del adolescente (Corrigan y Phelan, 2004; Manning, Longmore y Giordano, 2005).

Durante la adolescencia media las experiencias románticas son más fluidas y heterogéneas que en cualquier otra etapa de la vida (Tienda, Villalta y Koffman, 2023). Hay que señalar que, en las dos primeras etapas del periodo adolescente, las relaciones románticas que mantiene el adolescente suelen ser cortas. Furman y Shaffer, (2003) las consideran superficiales por durar pocas semanas o meses y porque es poco probable que estas relaciones cuenten con la profundidad y complejidad que suelen especificar las relaciones con un compromiso a largo plazo. Sin embargo, hay que tener en cuenta que esas relaciones ocupan un espacio muy importante en las vidas de las y los adolescentes.

De hecho, la formación de relaciones románticas es una de las tareas cruciales en la adolescencia y pueden jugar un papel importante porque ayudan al desarrollo de la identidad, facilitan otra visión del mundo, ofrecen compañía, intimidad y el desarrollo de habilidades para futuras relaciones románticas (Barry y Madsen, 2010). En una investigación que Tienda, Villalta, Goldberg y Koffman (2023) llevan a cabo con 531 adolescentes, destacan que la inestabilidad de las relaciones, y no la implicación romántica *per se*, se asoció con mayores niveles de tristeza y menores niveles de felicidad, de ahí su importancia en este periodo. Lo que nos lleva a decir que las relaciones románticas pueden afectar positivamente al desarrollo de los adolescentes (Brar, Boat y Brady, 2023), aunque es posible que ellos y ellas no siempre comprendan claramente cómo son las citas saludables, lo que puede poner a algunos adolescentes en riesgo de sufrir violencia en el noviazgo.

Falsas creencias o Mitos del amor romántico

El concepto de amor romántico está fuertemente sustentado por toda una serie de falsas creencias o mitos compartidos culturalmente y transmitidos por los diversos canales de socialización (Ferrer y Bosch, 2013). Los mitos del amor romántico poseen "una construcción social y simbólica que varía según las culturas y las épocas históricas" (Herrera, 2008, p. 1). Estos mitos pueden entenderse como una herramienta de control social durante una relación de pareja, pues establecen patrones de comportamiento que varían de acuerdo con el contexto y cultura del ser humano, es decir no son universales. Estas creencias socialmente compartidas sobre la "verdadera naturaleza" del amor suelen ser ficticias, absurdas, engañosas, irracionales e imposibles de cumplir (Yela, 2006).

Los mitos hacen referencia a una interpretación romántica del amor asociada a la aceptación de comportamientos abusivos tales como el control y los celos (Ruiz-Palomino et al., 2021). Estudios realizados en adolescentes (Nadir-Rodríguez et al., 2018; Moreira et al., 2016) y jóvenes universitarios (Sánchez-Hernández et al., 2020; Víllora et al., 2019) muestran que estos comportamientos pueden percibirse como expresiones de un fuerte interés romántico y preocupación por mantener la relación de la pareja, es decir, los adolescentes suelen idealizar y justificar este tipo de comportamientos y presentan dificultad para comprender los atributos de las relaciones, incluidos celos y posesividad de la pareja (Soldevila et al., 2012, Brar, Boat y Brady, 2023).

Diferentes autores han investigado los mitos del amor romántico (Yela, 2003, Peña, Ramos, Luzón y Recio, 2011; Ferrer et al, 2010; Herrera, 2010; Bonilla-Algovia et al, 2020). En general, se destacan los siguientes mitos (basados muchos de ellos en los componentes que al principio de este capítulo hemos visto que caracterizan al amor romántico):

1. *Mito de la media naranja.* Todos tienen una pareja ideal que está predestinada. Este mito es la creencia en las almas gemelas, personas con las que se guarda una química íntima, especial y única.

2. *Mito de la exclusividad.* Se cree que, al inicio del noviazgo, la relación conlleva una pérdida de libertad, puesto que noviazgo sería sinónimo de exclusividad de la persona amada. Este mito está muy relacionado con la fidelidad.

3. *Mito de los celos.* Es la creencia de que los celos son un signo de amor verdadero. Es uno de los mitos más aceptados por la sociedad y las parejas los consideran sinónimo de amor e interés (Bonilla-Algovia y Rivas-Rivero, 2020).

4. *Mito de la pasión eterna.* Se cree que el amor pasional de los primeros meses de una relación perdura tras años de convivencia con la pareja.

5. *Mito de la omnipotencia.* Es la creencia de que el amor lo puede todo y, por tanto, para el verdadero amor los obstáculos externos o internos que se presenten en la relación no influye en la pareja; que el amor puede solucionar todos los problemas y justificar todas las conductas.

6. *Mito del matrimonio* o la convivencia —como cénit del amor—.

7. *Mito de la búsqueda de la felicidad en la pareja.* Fruto del contexto sociocultural, en la etapa adulta parece complejo llevar una vida sin pareja a los ojos de la sociedad, por eso encontrar una pareja es esencial para que el individuo se sienta completamente feliz.

8. *Mito de la abnegación.* Este mito hace referencia según Bonilla-Algovia y Rivas-Rivero (2020, p. 121), a la creencia de que el amor implica hacer sacrificios y priorizar el bienestar de la pareja.

9. *Mito de ambivalencia (amor-maltrato).* Es la creencia de que el amor y el maltrato pueden convivir en una relación de pareja. En este mito los actos violentos pueden ser justificados y hasta visto como un signo de amor. Es la normalización de la violencia en una pareja y pensar que se puede sufrir por amor.

Asumir los mitos del amor romático puede facilitar las relaciones de violencia en la pareja (Repullo, 2011). Las creencias distorsionadas sobre el amor y la violencia en las relaciones de pareja están asociadas a una mayor probabilidad de ser víctimas o agresores (Jiménez, 2021; Lara y Gómez-Urrutia, 2019). La mayoría de los adolescentes no suelen ser capaces de reconocer cuándo se encuentran en una relación de noviazgo con violencia y la suelen considerar un proceso normal de relación (Garrido y Barceló, 2019; Cortés et al., 2014; García et al., 2013; Riesgo et al., 2019).

Construir la identidad de los y las adolescentes viviendo en contextos multiculturales

Como se ha dicho más arriba la formación de relaciones románticas es una de las tareas cruciales en la adolescencia y pueden jugar un papel importante porque ayudan al desarrollo de la identidad. Una identidad que el adolescente ha de construir viviendo entre culturas, donde encuentra diferentes concepciones del amor, del papel de la mujer, del sexismo, de los valores que se ponen en juego en las relaciones de pareja; en resumen, los adolescentes se enfrentan a sus relaciones de pareja con una forma de pensar, sentir y actuar propias de la cultura de las familias en las que han nacido y de su contexto cercano.

Los centros educativos se constituyen en lugares de encuentro y de construcción de las trayectorias del profesorado y del alumnado en un marco político y cultural. Este espacio, en el que interaccionan adolescentes con diferentes referentes culturales, debe posibilitar entre sus miembros el establecimiento de relaciones ricas y positivas que potencien la capacidad de convivir con respeto, aceptación y reconocimiento, generando un mundo más armónico en el que el adolescente pueda desarrollar su identidad individual y colectiva sin tensiones y sin conflictos. Surge la pregunta: ¿cómo puede la educación ayudar a construir las identidades en un contexto multicultural? Identidades que, además, van a posibilitar desarrollar relaciones sanas de pareja y en el plano de la igualdad.

Las personas se van identificando, a lo largo de un proceso de interiorización, con grupos y rasgos que los definen, y que descubren como propios y definitorios de su ser cultural. La identidad no es solo una autopercepción sino una relación dinámica con los otros. Todo encuentro de personas y culturas ponen en marcha procesos de cambio en la identidad, en los que los valores y costumbres de origen se modifican al entretejerse, en mayor o menor medida, con aquellos que el otro o los otros aportan a la relación (VVAA, 2002). Los adolescentes pueden sentirse identificados con una cultura y sus valores, la de origen, la de los padres y a la vez abrirse sanamente al conocimiento y a la participación en las otras culturas con sus valores, sin suponer ningún conflicto para ellos, a no ser que esto no sea reconocido por la familia o por el grupo de origen.

Los adolescentes y jóvenes que viven en sociedades multiculturales sufren procesos de aculturación, es decir, se producen cambios en los patrones de cultura originarios, experimentando modificaciones en los valores, las actitudes y las conductas durante este proceso (Cabrera y otros, 2000; Berry, 1997). Por tanto, es necesario conocer cómo las personas se sitúan en relación a su grupo de origen y a otro grupo o grupos, y cómo van creciendo en identidad cultural.

La interacción con los pares, ya pertenezcan al mismo grupo cultural o a grupos diferentes, pone en juego valores, creencias, actitudes, conductas que cada miembro de la pareja (hombre, mujer o genero no binario) aporta a esa relación.

Para ayudar a construir identidades sanas, es necesario que los adolescentes y jovenes sean conscientes, en primer lugar de quiénes son, de dónde proceden, cuál es su entorno, cuáles son sus valores y cómo organizar su propia seguridad. Los adolescentes y los jóvenes, no pueden abrirse a otros grupos hasta que no hayan desarrollado un sentido positivo de sí mismos y de su autoestima.

La institución escolar debe ayudar, en este cruce cultural, a orientar relaciones de pareja sanas que les ayude a crecer en identidad.

El amor en la sociedad occidental postmoderna

La relación romántica de pareja depende del contexto cultural en donde los individuos han sido socializados, y los parámetros que la componen, dependen de la sociedad en la que esta relación se dé. Este hecho justifica las importantes transformaciones que han sufrido las relaciones románticas en las últimas décadas.

Giddens (2001) pronosticó que, en las sociedades occidentales, el amor romántico estaba siendo reemplazado de forma dominante por *amor confluyente*. Este tipo de amor se basa en la individualidad y busca la satisfacción emocional constante, y los beneficios y satisfacciones que aportan al individuo. Esta nueva concepción del amor se caracteriza por un conjunto de elementos que lo contraponen al amor romántico: presupone la igualdad emocional, es más activo y contingente, y, por consiguiente, choca con las expresiones, "para siempre", "solo", "único" típicas del amor romántico. Desde la sociología, Bauman (2018) se refiere a los nuevos patrones relacionales entre hombres, mujeres y otros géneros, como *amor líquido* por su fragilidad. Los califica como débiles, compulsivos, basados en la individualidad y faltos de compromiso. De hecho, Bauman (2005) indica que el amor de Giddens no puede ser una alternativa de compromiso ya que la ruptura está justificada cuando la relación deje de ser placentera.

El amor postmoderno se caracteriza por una crisis particular donde los significantes y significados no son coincidentes. Por un lado, la intimidad es el núcleo de las relaciones afectivas en las sociedades occidentales, las personas esperan esa relación pura, pero al mismo tiempo se dejan llevar por el individualismo y el deseo de autoactualización (García-Serrán, 2014). Por su parte, Girona (2008) expone que una cosa, ante tanto híbrido y heterogeneidad, sí parece que resulta cuanto menos clara: la multiplicidad y la ampliación de la diversidad de posibilidades de llevar a cabo la vivencia amorosa, sexual y convivencial.

El mapa amoroso en el siglo XXI ha cambiado, observándose relaciones más inestables que, si bien mantienen fuerte conexión con el sistema de pareja tradicional, introducen novedades, por ejemplo: parejas que no se casan bajo un ritual tradicional, parejas en segundas, terceras… nupcias, sucesión de parejas, parejas abiertas, parejas de personas del mismo género, personas solteras que mantienen relaciones no comprometidas, parejas comprometidas que eligen vivir separados (Puyana y Ramírez 2007). Parece ser que: "(…) hoy por hoy, la concepción de las relaciones amorosas reza de la misma manera que lo hace para cualquier producto comercial: de obtención rápida, de consumo inmediato y satisfacción instantánea" (Bustos, 2009, p. 3). Sin embargo, los adolescentes y jóvenes, influidos por las series de televisión, cine, video juegos, música, redes sociales, novelas literarias, tradición, etc., siguen manifestando en sus relaciones, dimensiones del amor romántico.

PROPUESTAS DE ACTUACIÓN

Para afianzar y poner en práctica los conocimientos desarrollados en este capítulo, a continuación se proponen cuatro actividades. Su finalidad es ayudar a los adolescentes: a definir el concepto de amor, contrastando sus respuestas con las características que describen los expertos; analizar críticamente las falsas creencias del amor romántico; valorar las canciones que oyen los adolescentes siguiendo pautas fijadas sobre creencias del amor romántico y los tipos de apego; y por último, debatir sobre el control y los celos que pueden aparecer en las relaciones insanas de pareja.

ACTIVIDAD 1: ¿QUÉ ES EL AMOR?

DESCRIPCIÓN	A través de esta actividad, se pretende identificar el concepto de amor y los atributos del amor de pareja que conduzcan a relaciones sanas.

DESARROLLO

Para llevar a cabo la actividad la clase debe organizarse en pequeños grupos. A cada grupo se le facilitará una hoja grande de papel de rotafolio. La hoja debe dividirse en 4 partes. Se pide a los estudiantes que reflexionen y respondan por orden las preguntas siguientes:

- ¿Qué es el amor para ti?
- ¿Cuáles serían los ingredientes necesarios para construir una relación de pareja basada en el amor?
- ¿Cómo sabes que una relación de pareja está basada en el amor?
- ¿Cómo quieres que sea la relación con tu pareja? ¿Qué puedes hacer al respecto?

Se debe comenzar por la parte inferior del papel escribiendo palabras o frases cortas, e ir subiendo sobre la hoja de papel, dando respuesta en los pequeños grupos a las preguntas propuestas, hasta llegar a la cima en la que se debe dar respuesta a la pregunta:

- ¿Cómo quieres que sea una relación de pareja? ¿Qué quedes hacer al respecto?

Se deben seguir los siguientes pasos:

1. En la primera pregunta, a través de la técnica del torbellino de ideas, los estudiantes pueden decir todo lo que piensan sin poner límites. Cuando se debatan las respuestas en la segunda pregunta se deben analizar de forma más realista y crítica.
2. Se nombra un portavoz del pequeño grupo para que expongan los resultados de las dos primeras cuestiones al resto de la clase. El moderador (profesor o un estudiante), deberá recoger en un rotafolio o en la pizarra las respuestas a la primera y segunda pregunta y debatirlas con los estudiantes.
3. Seguir la misma técnica para la tercera y cuarta cuestión.

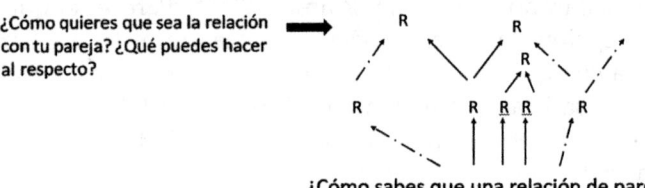

¿Cómo quieres que sea la relación con tu pareja? ¿Qué puedes hacer al respecto?

¿Cómo sabes que una relación de pareja está basada en el amor?

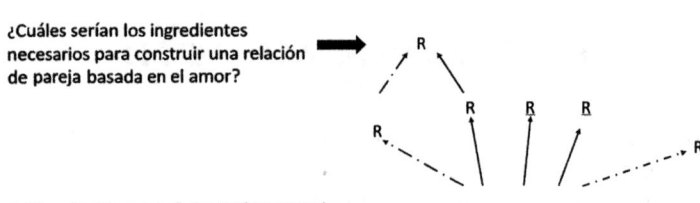

¿Cuáles serían los ingredientes necesarios para construir una relación de pareja basada en el amor?

Las líneas discontinuas en las flechas significan que pueden haber muchas respuestas

¿Qué es el amor para ti?

Una vez debatido hasta llegar a la última pregunta, se va a conseguir una lista de acciones y conductas acerca de cómo deben ser las relaciones con la pareja y que hacer para conseguir llegar a esa relación propuesta.

A continuación, hay que crear una lista de los componentes del amor romántico que propone Karandeshev (2017) y realizar un análisis comparativo entre estos y los propuestos por los estudiantes en su última actividad. Se discute sobre las dos propuestas con el grupo-clase.

→

→

ACTIVIDAD 1 *(CONT.)*: *¿QUÉ ES EL AMOR?*

OBJETIVOS

→ Conocer el concepto que el alumnado tiene de amor romántico y las creencias sobre cómo construir una relación de pareja.

→ Reflexionar sobre los estereotipos del amor romántico y valorar que son solo creencias.

PARTICIPANTES

• Adolescentes de 13 a 17 años.

AGRUPAMIENTOS

• Pequeño grupo no superior a 4 personas.
• Grupo clase.

RECURSOS

o Rotafolios, pegatinas, rotuladores, lápices de colores, folios, fotocopias, proyector.

TEMPORALIZACIÓN

• 5 minutos para explicar la actividad, distribuir por grupos y repartir las hojas, rotuladores, pegatinas, lápices de colores.

• 20 minutos para realizar las dos primeras preguntas, puesta en común y debate.

• 20 minutos para realizar las dos últimas preguntas de la pirámide, puesta en común y debate.

• 15 minutos para comparar las propuestas realizadas por los adolescentes con los componentes del amor romántico que propone Karandeshev. Puesta en común y debate.

EVALUACIÓN

Se valorará:

➢ La realización de la actividad con las creencias e ideas de todos los miembros del grupo.

➢ El orden en la exposición y la coherencia argumentativa.

➢ La capacidad crítica del estudiante.

ACTIVIDAD 2: *MITOS DEL AMOR ROMÁNTICO*

DESCRIPCIÓN	A lo largo de la actividad se pretende analizar cómo entienden los adolescentes los mitos del amor romántico y reflexionar acerca de que solo son creencias compartidas sobre el amor, que suelen ser ficticias, engañosas, irracionales e imposibles de cumplir. Los contenidos que se van a presentar son: 1. Mito de la pasión eterna 6. Mito de la exclusividad 2. Mito de la media naranja 7. Mito de la pareja 3. Mito de la omnipotencia 8. Mito de la ambivalencia 4. Mito del matrimonio 9. Mito de la abnegación 5. Mito de los celos

DESARROLLO

Se facilita a los adolescentes un listado con los mitos del amor romántico (cuadro 1). Se pueden dar escritos y fotocopiados o proyectarlos en la clase.

Se divide a los alumnos en grupos pequeños y a cada grupo se le facilita una hoja grande de papel de rotafolio. Se les pide que dibujen una flor grande con un centro y un número de pétalos igual al número de participantes del grupo.

El pétalo representa a un alumno del grupo y el centro de la flor representa a todo el grupo. Cada alumno debe completar su pétalo escribiendo en él 5 —como máximo— de los enunciados que ellos consideran que aparecen en una relación romántica (puede que ellos lo hayan vivido o estén viviendo) o han observado en parejas cercanas. En el centro de la flor, entre todos los miembros del grupo deben escribir, estableciendo un acuerdo entre ellos, los enunciados que reflejan el amor por la pareja o que han observado en parejas cercanas y que conocen.

El portavoz de cada grupo debe mostrar la flor hecha por su grupo y presentar sus respuestas, haciendo hincapié en los enunciados escritos en el centro de la flor que refleja el consenso entre todos los miembros del grupo. En la exposición se deben argumentar las respuestas y dar ejemplos.

Si el grupo entiende que ninguna de las afirmaciones del Cuadro 1 (en este capítulo) se dan en las relaciones de pareja, o nunca las han vivido o han observado en las parejas cercanas, pueden solo colorear el pétalo y argumentar por qué no han escrito ninguna de las afirmaciones o mitos del amor romántico.

Durante las intervenciones, además de conocer las actitudes y creencias de los estudiantes sobre los mitos del amor romántico, se debe debatir y reflexionar sobre la validez de los mitos como demostración de amor, e ir desmontándolos en el ideario del adolescente.

Se debe recoger la información que van dando los portavoces de los grupos sobre una pizarra, ordenador-proyector, rotafolio, etc., e ir resumiéndola, devolviendo las ideas al grupo-clase a medida que se debate.

Se debe favorecer el diálogo y la argumentación, para desmontar los mitos.

CUADRO 1. AFIRMACIONES SOBRE LAS RELACIONES DE PAREJA

1. Para que el amor sea verdadero, la pasión inicial de una relación romántica debe durar eternamente.
2. Todas las personas tienen predestinada una persona ideal para ser su pareja.
3. El amor verdadero lo puede todo y puede superar todos los problemas y justificar todas las conductas.
4. El amor verdadero debe conducir a la unión estable de la pareja a través de la convivencia y/o el matrimonio.
5. Los celos son una prueba o una demostración de amor. Tiene/tengo celos porque te quiere o le quieres.
6. No se puede querer a más de una persona al mismo tiempo.
7. Una persona no será completamente feliz hasta que no encuentre una pareja que le complemente.
8. Los gritos, los insultos, las violencias de la pareja se pueden perdonar siempre que haya amor verdadero.
9. Una persona, si realmente está enamorada, debe priorizar el bienestar de su pareja sobre el suyo propio.

→

→

ACTIVIDAD 2 (CONT.): MITOS DEL AMOR ROMÁNTICO

OBJETIVOS

→ Conocer las ideas previas que el alumnado tiene sobre los mitos del amor romántico.
→ Analizar los mitos y determinar cómo influyen en una relación de pareja.

PARTICIPANTES

• Adolescentes de 13 a 17 años.

AGRUPAMIENTOS

• Pequeño grupo no superior a 4 personas.
• Grupo clase.

RECURSOS

o Rotafolios, pizarra, pegatinas, rotuladores, lápices de colores, folios, fotocopias, ordenador, proyector.

TEMPORALIZACIÓN

• 10 minutos para explicar la actividad, distribuir por grupos y repartir las hojas, rotuladores, pegatinas, lápices de colores.
• 15 minutos para realizar la flor y rellenar los pétalos y el centro de la flor y pensar la argumentación de las respuestas.
• 35 minutos para la puesta en común y debatir las respuestas y las argumentaciones.

EVALUACIÓN

Se valorará:

➢ La realización de la flor con las creencias e ideas de todos los miembros del grupo.

➢ El orden en la exposición y la coherencia argumentativa.

➢ Los conocimientos sobre los mitos, la reflexión y crítica que los adolescentes hacen sobre ellos.

La función de esta evaluación va a ser formativa.

ACTIVIDAD 3: *EL AMOR MIENTE*

DESCRIPCIÓN	El romance es una parte significativa de la vida de los adolescentes y se refleja de forma predominante en los medios de comunicación actuales. En concreto, el consumo de música aumenta drásticamente durante la adolescencia. Los adolescentes escuchan música más de dos horas al día. La mayoría de la música popular bombardea a los oyentes con letras de contenidos románticos o sexuales con gran influencia en las conductas y actitudes románticas del adolescente.
	Las teorías de los usos y gratificaciones sostienen que los individuos escuchan música y buscan canciones que se ajusten a sus usos personales. Los adolescentes están en pleno proceso de formación de su identidad romántica, ya que experimentan y aprenden a ser parejas románticas (Forenza et al., 2018), por tanto, las canciones pueden ser especialmente relevantes durante la adolescencia, impulsando a los adolescentes a consumirlas. En esencia, el adolescente interioriza, incluso inconscientemente, los mensajes que les transmiten los medios de los que está rodeado y las letras de las canciones, en particular, pueden influir mucho en sus esquemas cognitivos. Hay estudios que sugieren que los mensajes de apego en las relaciones románticas, enviados por las letras de las canciones pueden influir en los esquemas románticos de los adolescentes.
	A través de esta actividad, se pretende analizar los tipos de apego y los mitos del amor romántico que transmiten a los adolescentes las letras de las canciones de diferentes referentes culturales que escuchan.

DESARROLLO

Para el desarrollo de esta actividad se van a necesitar dos sesiones.

1. En la primera sesión, antes de comenzar la actividad, la clase estará organizada en pequeños grupos. Se les facilitarán a los estudiantes rotuladores, cartulinas o papel de rotafolio, pegatinas y un ordenador con conexión a Internet. A cada grupo se les pide que den respuesta a las siguientes preguntas:
   - ¿Qué es el apego en una relación de pareja?
   - ¿Cuáles son los estilos de apego y cómo influyen en las relaciones de pareja?

Para ello se les solicita que utilicen las siguientes frases de búsqueda en Internet:
   - Tipos de apego en la pareja.
   - ¿De qué modo te aman?
   - Estilos de apego y relación de pareja.

Cada pequeño grupo reflejará sobre la hoja de papel del rotafolio o cartulina, un esquema que dé respuesta a las dos preguntas. Al ir elaborando el esquema, los miembros del grupo anotarán al lado de cada estilo de apego, frases cortas o expresiones que se oyen en series de TV, redes sociales, canciones, o que se ven escritas en literatura romántica juvenil, etc. Las frases deben ser ilustrativas de cada uno de los estilos de apego. Se nombrará una persona portavoz por grupo para que exponga el trabajo realizado por su grupo. Además de la explicación de cada uno de los estilos de apego, se hará hincapié en los ejemplos que los estudiantes expongan.

Seguidamente se razonará con el grupo clase cómo influyen estos estilos de apego en las relaciones de pareja. Para esta fase, se recogerán en la pizarra o en un rotafolio, a través de un torbellino de ideas, cómo entienden los estudiantes que influyen los estilos de apego en las relaciones de pareja.

A continuación, se analizarán en el grupo-clase, de forma realista, todas las ideas recogidas.

→

→

ACTIVIDAD 3 (CONT.): EL AMOR MIENTE

DESARROLLO (cont.)

2. Para la segunda sesión la clase estará organizada en pequeños grupos. A los grupos se les pide que piensen dos canciones que ellos suelen oír. Deben escribir también el título, quién la canta, el género del cantante o cantantes, y transcribir su letra —se les pide que cada grupo haga dos diferentes y a ser posible, si hay estudiantes de origen no español, que una de las canciones sea del país de procedencia de los padres—. Además, se les proporcionarán estrofas de dos canciones de amor, una china y otra india (ver ANEXO). A cada grupo se le facilita una hoja grande de papel de rotafolio o cartulina.

La hoja se divide en dos secciones. En la primera sección, parte superior de la hoja, se pegarán las hojas de papel que contenga las letras de las canciones facilitadas y las que el grupo ha elegido transcribir. En la segunda sección, parte inferior, se analizarán las letras de las canciones. Para ello cada uno de los grupos, escribirá con sus propias palabras, en la parte izquierda de la hoja, indicadores o enunciados que reflejen los mitos del amor romántico y acciones que sean propias de cada uno de los estilos de apego.

3. A continuación, se irán analizando las letras de las canciones, comparando las letras con los enunciados previamente elaborados por el grupo. Se debe hacer con las cuatro canciones. En pequeño grupo tienen que decidir, qué mitos y estilos de apego se observan en cada una de las canciones, si los hubiera. A continuación, cada pequeño grupo, a través de un portavoz, debe compartir sus resultados con el resto de los compañeros.

		Canción 1	Canción 2	Canción 3	Canción 4
	Enunciados	Título	Título	Título	Título
Estilos de apego	1. 2. 3.				
Mitos del amor romántico	1. 2. 3.				

El moderador de la sesión debe ir recogiendo información a medida que los grupos van aportando al grupo clase lo que han hecho en pequeño grupo. La tabla que se va generando con las aportaciones de los pequeños grupos, será más rica en enunciados de estilos de apego y en mitos del amor romántico que la hecha por un solo grupo. Además, recogerá más canciones y se verán reflejados más enunciados en el análisis de las canciones. El moderador debe ayudar a los estudiantes a ser conscientes de la aparición, o no, de estilos de apego y mitos del amor romántico en las canciones analizadas y que proceden de contextos culturales diferentes. Si aparecen los estilos de apego y algunos de los mitos del amor romántico en las letras de las canciones, se puede reflexionar sobre la transculturalidad de ambos.

Es necesario que en los estudiantes se fomente el pensamiento crítico y sean conscientes de cómo al oír una canción se van activando estrategias de penetración que normalizan emociones y conductas que producen dolor y violencia en las relaciones de pareja.

→

→

ACTIVIDAD 3 *(CONT.)*: *EL AMOR MIENTE*

OBJETIVOS

→ Analizar letras de canciones populares de diferentes culturas.
→ Reflexionar sobre el estilo de apego y mitos del amor romántico que transmiten a los jóvenes.
→ Valorar la transculturalidad de los mitos y de los estilos de apego.

PARTICIPANTES

• Adolescentes de 13 a 17 años.

AGRUPAMIENTOS

• Pequeño grupo no superior a 4 personas.
• Grupo clase.

RECURSOS

o Rotafolios, fotocopias, pegamento, pizarra, pegatinas, rotuladores, lápices de colores, folios, ordenador, proyector.

TEMPORALIZACIÓN

• 10 minutos para explicar la actividad, distribuir por grupos y repartir las hojas, rotuladores, pegatinas, lápices de colores.
• 20 minutos para trabajo en pequeños grupos.
• 25 minutos para la puesta en común y debatir las respuestas y las argumentaciones.

EVALUACIÓN

La función de esta evaluación va a ser formativa. En la evaluación, se valorará:

➤ El trabajo y la participación en el pequeño grupo.

➤ El orden en la exposición y la coherencia argumentativa.

➤ Los conocimientos sobre:

• Los estilos de apego.

• Los mitos

• La reflexión y crítica que los adolescentes hacen sobre ellos.

→

→

ACTIVIDAD 3 (CONT.): EL AMOR MIENTE

ANEXO

Canción china: **"Primer amor"** (https://www.youtube.com/watch?v=HHfPpXcYL2o)

Aquel año, cuantas veces nos decíamos adiós y regresábamos.
Que si, que no, el amor no es un debate emocional
Con prisa dejamos un compromiso para que lo cumpliera otra gente.

Las huellas de besos no se hicieron capullos
Y el abrazarnos para caer en sueño invernal
que nos convirtió en mariposas
No tuvimos tiempo de hacer más ensayos con nuestro amor.

No hay rencores pues el tiempo ha sido bondadoso para arrepentirnos
Si el encuentro no nos deja los ojos rojos, ¿nos haría sonrojar?
Recordando la bella ilusión del amor eterno que juntos grabamos
Si hay algo en nuestro pasado que anhelamos
No nos perdonemos tan rápido dejando todo en el olvido.

Necesitamos estar endeudados para tener motivos de recordar
Aquel año sólo nos mirábamos la misma cara que nos desconcertaba,
Nos iluminaba y nos hacía sufrir.
Fue nuestro destino y no entendíamos que un inflexible compromiso
No era sino el preámbulo de la ruptura
El frio congeló las lágrimas y el viento tibio de la primavera
No despertó el amor guardado en la foto
Nadie tuvo un amor concluso

. . . .

Estrofa de canción india: **"Película Dilwale"** (https://www.youtube.com/watch?v=H6b_piKb_mw)

Quédate por siempre a mi lado   *Tu eres mi deseo, yo soy tu amor*
Prométeme que siempre vendrás a mí   *Tu eres mi poema y yo soy tu música*
Somos como una sola alma   *Se mía por siempre*
Aunque residamos en cuerpos distintos   *Nunca digas adiós*

ACTIVIDAD 4: *CELOS Y DEPENDENCIA EMOCIONAL*

DESCRIPCIÓN	Con esta actividad, se pretende profundizar en el mito de celos y la dependencia emocional.

DESARROLLO	**OBJETIVOS**
Se propone a los estudiantes visualizar dos videos cortos. Se les solicita que durante la visión de los dos videos cortos recojan información para después debatir.	→ Reflexionar sobre los celos, el control y la dependencia emocional como elementos que no reflejan amor y que hay que ser conscientes que pueden llegar a favorecer relaciones violentas en las parejas.

Se propone a los estudiantes visualizar dos videos cortos. Se les solicita que durante la visión de los dos videos cortos recojan información para después debatir.

• *Mitos y certezas en las relaciones personales* (https://www.youtube.com/watch?v=lmEprfKviOY).

• *¿Sabes diferenciar el amor de la dependencia? A Mi Yo Adolescente. T2 Ep10: Las relaciones de pareja* (https://www.youtube.com/watch?v=rEHGYNtA41M).

Una vez visionados los dos videos se establece un debate entre los adolescentes. Deben debatir con el grupo-clase los celos, el control y la dependencia emocional en las relaciones de pareja.

El debate puede ser guiado dando respuesta a las siguientes preguntas:

• ¿Qué son los celos?

• ¿De dónde vienen los celos?

• Vivencias de celos en nuestras relaciones y en parejas conocidas. Presentar ejemplos.

• ¿Qué es la dependencia emocional?

• ¿Qué hay detrás del control en una relación de pareja?

PARTICIPANTES

• Adolescentes de 13 a 18 años.

AGRUPAMIENTOS

• Grupo-clase.

RECURSOS

o El video *"Mitos y certezas en las relaciones personales"*, en el que entrevistan a la psicóloga María Esclapez (https://www.youtube.com/watch?v=lmEprfKviOY).

o Y el video *"¿Sabes diferenciar el amor de la dependencia?"* que presenta Arun Mansukhani (https://www.youtube.com/watch?v=rEHGYNtA41M).

TIEMPO

• 5 minutos para explicar al grupo clase las actividades a realizar y los objetivos a conseguir.

• 15 minutos para el visionado de los videos.

• 30 minutos para el debate y recogida de ideas.

EVALUACIÓN

Se analizarán:

➤ Las respuestas de los estudiantes

➤ Las argumentaciones a las exposiciones y la capacidad crítica.

➤ Durante el debate se irán recogiendo ideas del grupo-clase.

➤ Estas ideas serán plasmadas en un poster (papel continuo) y expuestas en la pared del aula.

4

Deconstrucción de roles de género y nuevas masculinidades

Irina-Sherezade Castillo Reche
Mª Carmen Cerezo Maiquez
Josefina Lozano Martínez

En aras de prevenir la violencia entre parejas adolescentes resulta fundamental ofrecer herramientas que permitan a los más jóvenes plantearse cuestiones referidas a las relaciones de desigualdad, la masculinidad patriarcal y la naturalización de algunos privilegios en función del género; cuestiones que, con el tiempo, se han ido transmitiendo de una generación a otra. Trazar líneas de trabajo con relación a esta temática, permitirá a los y las adolescentes tomar distancia y ser conscientes de forma activa de cómo la cultura puede contribuir a la transmisión de valores y costumbres que propician situaciones de violencia y opresión; lo que puede ayudar a cambiar prácticas diarias otorgándoles un sentido más igualitario.

Pero antes de analizar algunos recursos que pueden ayudar a trabajar dichas cuestiones, es necesario plantear y analizar algunos conceptos básicos en relación con la temática que nos ocupa. Por ello, a través de esta unidad daremos respuesta a qué se entiende por género, cuáles son los roles o estereotipos asociados a este y qué tienen que ver con la violencia.

¿Qué es el género?

El género hace referencia a la construcción cultural de la diferencia sexual (Abasolo y Montero, 2012). Cuando hacemos referencia al género, suele afirmarse que nacemos con un sexo biológico —macho o hembra— y, en función de este, se nos establece un género —masculino o femenino— y, a partir de este último, formamos nuestra identidad —en principio, binaria, varón o mujer— (Chiodi et al., 2019). Por tanto, el género es la construcción cultural que nos lleva a la identificación de hombres y mujeres con una asignación de roles, características y responsabilidades diferenciadas (Abasolo y Montero, 2012).

Pero hemos de tener en cuenta que, incluso la diferencia sexual, no es un mero hecho biológico, sino una interpretación cultural que hace que toda la variedad de cuerpos sea reducida a dos únicos grupos (Chiodi et al., 2019). Por ende, nuestra forma de ser y de actuar no responde a diferencias naturales, sino que dependen de la forma en que se nos educa, de las costumbres, religiones, tradiciones, etc., que nos llevan a definir lo que es femenino o masculino, según la cultura y el momento histórico en el que nos encontremos.

Socialización y estereotipos de género

La socialización de género es un proceso que se desarrolla a lo largo de toda la vida y en todos los ámbitos. La familia, el grupo de amigos, los medios de comunicación y la escuela son los principales agentes que intervienen en dicho proceso, transmitiendo ideas estereotipadas sobre los comportamientos que hombres y mujeres pueden y deben tener (Alvariñas-Valverde y Pazos-González, 2018).

Los estereotipos de género son el resultado de una crianza diferencial por género, en la que se potencia ciertos rasgos en los varones y otros diferentes en las mujeres. Estos estereotipos de género formulan un ideal de cuidado y afecto en la construcción social de la feminidad y un ideal de dominio, competición y control en la construcción social de la masculinidad (Rebollo-Catalán et al., 2017).

Algunas investigaciones, como la realizada por Castillo-Mayén y Montes-Berges (2014), destacan y comprueban que existen aún en los jóvenes estereotipos de género tradicionales, destacando como características femeninas la sumisión, dulzura, comprensión y emoción. Y entre las características masculinas la fuerza, insensibilidad, egoísmo y valentía.

En la etapa que nos ocupa, la presencia de estereotipos de género conlleva mantener procesos discriminatorios según el sexo, al mismo tiempo que tiene repercusiones en el desarrollo de los adolescentes, afectando su desarrollo social y psicoafectivo al tratarse de una etapa crucial para el establecimiento de las primeras relaciones afectivas (Villanueva y Grau-Alberola, 2019).

© narcea, s. a. de ediciones

Estereotipos de género y violencia

En esta estereotipación de la masculinidad parece exaltarse un "tipo de masculinidad" sobre otras. Socialmente se crea la idea de lo que debe esperarse de las personas que se identifican como "masculinas" y toda versión que no se acerque a este ideal es colocada en un lugar de inferioridad. La masculinidad hegemónica fomenta la competitividad, la no expresión de sentimientos y la sexualidad como una demostración de virilidad (Leal et al., 2010). Los varones tienen que objetar cualquier rasgo asociado a lo que socialmente se entiende como "femenino". De forma que, la fragilidad o la vulnerabilidad son dos rasgos de los que los varones han de mantenerse alejados, lo que les lleva, en ocasiones, a evidenciar su potencia a través de la violencia sobre otra persona, con el único objetivo de demostrar la fortaleza en contraposición de la "fragilidad".

En definitiva, las distintas sociedades van construyendo las características, formas de ser, y de sentir, diversas tanto para mujeres como para varones, donde la lógica machista y androcéntrica subyace en estas relaciones (Ministerio de Desarrollo Social, 2021). Es necesario, por tanto, pararse a pensar en esta construcción, que no se ha de percibir como omnipotente y única. En contraposición a esta, van surgiendo nuevas masculinidades (Azpiazu, 2017) más flexibles y diversas que se alejan de los mandatos tradicionales.

En relación con la mujer existen estereotipos que enfatizan la debilidad y necesidad de protección por parte de los varones (León y Aizpurúa, 2020), dicha necesidad de protección en ocasiones se ejerce desde una posición positiva de los hombres hacia las mujeres, sin embargo, existen consecuencias negativas bajo el "escaparate" de la positividad (Galaso, 2019), pudiéndose convertir en una forma de control y discriminación camuflada en forma de "protección".

La naturalización de estos estereotipos de género puede favorecer que se asuman roles estereotipados en las relaciones de pareja dando lugar a desigualdades entre sus miembros que pueden sentar las bases del desequilibrio en las parejas, siendo en algunas ocasiones, el paso previo a la violencia en pareja (Delgado-Álvarez et al., 2012; De la Osa et al., 2013; Save The Children, 2021; Villanueva y Grau-Arberola, 2019).

Deconstrucción de estereotipos y roles de género

En el ámbito escolar, aun habiendo avances en materia de coeducación, la masculinidad hegemónica sigue teniendo mucha presencia (Azorín, 2017; Muller, 2021), sobre todo en los adolescentes (Avidad y López, 2020); al igual que lo hace la "feminidad" entendida como cuidado y fragilidad. Por ello, problematizar nuestras prácticas en torno al género resulta estrictamente necesario, aunque realizarlo pueda llevar a la creación de situaciones de conflicto y tensión.

Estas situaciones de tensión y contradicciones son necesarias si existe la posibilidad de repensar nuestras posturas.

Disminuir las relaciones violentas entre parejas adolescentes conlleva promover masculinidades y feminidades no sexistas, donde no se naturalicen jerarquías o privilegios. Sin duda, la etapa ideal para realizar una intervención en este sentido es el inicio de la adolescencia temprana, estudios muestran que es necesario intervenir en esta temática desde el inicio de la educación secundaria (12-13 años) a través de programas dirigidos a los adolescentes (Villanueva y Grau-Alberola, 2019).

El ámbito educativo es idóneo para realizar este tipo de intervenciones y la acción tutorial una herramienta fundamental para su integración.

PROPUESTAS DE ACTUACIÓN

A continuación se presentan una serie de propuestas de actuación con el objetivo de ofrecer recursos que ayuden a fomentar en los jóvenes momentos de reflexión que permitan volver a mirar nuestra cultura desde un prisma crítico, analizando el papel de esta en la transmisión de valores y patrones de conducta que pueden propiciar situaciones de desigualdad y violencia.

ACTIVIDAD 1

DESCRIPCIÓN	A lo largo de esta actividad se pretende indagar sobre las ideas previas acerca de los estereotipos de género. Asimismo, se busca comenzar a identificar algunos de estos a partir del análisis de imágenes y su posterior debate.

DESARROLLO	**OBJETIVOS**
En primer lugar, se organizará la clase en pequeños grupos de manera tal que sea posible el análisis y el debate. A continuación, se presentará la imagen y en pequeños grupos se debatirá los siguientes interrogantes:	→ Indagar las ideas previas sobre estereotipos de género.
	→ Sensibilizar y promover el análisis crítico de la publicidad.

- ¿Consideráis que esta publicidad es justa? ¿Por qué o por qué no?
- ¿Consideráis que existen actividades para varones y actividades para mujeres?
- ¿Observáis esto en algún ámbito (casa, centro educativo, grupos de amigas y amigos)?
- ¿Habéis dejado de hacer alguna actividad porque sentíais que no era para vosotros o vosotras?

PARTICIPANTES

- Alumnado de 13 a 18 años.

AGRUPAMIENTOS

- Pequeño grupo de 3-4 personas.
- Gran grupo.

RECURSOS

- *Imagen* (https://elpais.com/internacional/2018/08/01/solo_en_argentina/1533129965_002699.html)

TIEMPO

- 45 minutos.

https://elpais.com/internacional/2018/08/01/solo_en_argentina/1533129965_002699.html

Posteriormente se debatirá en gran grupo las respuestas aportadas, elaborando un listado de los estereotipos que aparecen en la imagen.

EVALUACIÓN

➤ En pequeños grupos, tendrán que elaborar un cartel publicitando el día del chico y de la chica.

➤ Asimismo, deberán presentar las razones por las cuales han elaborado dicho cartel.

ACTIVIDAD 2

DESCRIPCIÓN	En esta actividad se pretende profundizar en el concepto de estereotipo, haciendo hincapié en la construcción social y cultural del estereotipo.

DESARROLLO	OBJETIVOS

DESARROLLO

Las y los estudiantes compartirán en familia el visionado del vídeo titulado: "*Rosa y azul. Cómo fuimos educados de forma sexista*".

Posteriormente, responderán algunas interrogantes para retomar en gran grupo de clase al día siguiente. Algunos de los interrogantes a plantear:

- ¿Habéis reflexionado sobre esto alguna vez?
- ¿Qué opináis sobre el contenido del vídeo?
- ¿Consideráis que desde que nacemos estamos condicionados por estereotipos? ¿Por qué?

Busca algunas de las razones por las que los estereotipos condicionan nuestras vidas.

OBJETIVOS

→ Reflexionar de manera crítica a nivel familiar sobre los estereotipos y los roles de género.
→ Sensibilizar con la temática de los estereotipos de género.

PARTICIPANTES

- Alumnado y familias.

AGRUPAMIENTOS

- Trabajo en familia.
- Gran grupo.

RECURSOS

○ Vídeo *"Rosa y azul. Cómo fuimos educados de forma sexista"*.
(https://youtu.be/N5x_3zJPWXM)

TIEMPO

- 30 minutos.

EVALUACIÓN

➤ Elaborar un listado con las razones expuestas individualmente.

➤ Analizar críticamente la justificación aportada.

ACTIVIDAD 3

DESCRIPCIÓN	Con esta actividad se busca indagar ideas previas sobre los conceptos de masculinidad, es decir, ser hombre en la sociedad actual.

DESARROLLO	OBJETIVOS
Se organizará la clase en un gran círculo. Luego, se entregará una cartulina rosa a cada alumno y se les pedirá que cada uno escriba la primera palabra que se les viene a la cabeza cuando escuchan la palabra *masculinidad* (es importante dedicarle poco tiempo —un minuto— para que no se desvíe la atención).	→ Indagar ideas previas sobre el concepto de masculinidad. → Promover la diferenciación entre lo que es y lo que no es masculinidad.

PARTICIPANTES

Una vez que todas y todos hayan finalizado, en la pizarra se recogerán todas las aportaciones de los estudiantes, analizando el siguiente interrogante:	• Alumnado de 13 a 18 años.

AGRUPAMIENTOS

• ¿Qué es y qué no es la masculinidad?	• Pequeño grupo: de 3-4 personas. • Gran grupo.

RECURSOS

Se irá realizando un registro colectivo en papel continuo, que se mantendrá en el aula para poder retomar esas ideas posteriormente.	o Cartulina rosa (tamaño A5).

TIEMPO
• 45 minutos.

EVALUACIÓN

Cada estudiante deberá reflexionar, de forma individual y justificando su respuesta, sobre este interrogante:

➢ ¿Es lo mismo *género*, *masculinidad* y *sexo*?

➢ Diferenciar el concepto de masculinidad del concepto de género y sexo.

ACTIVIDAD 4

DESCRIPCIÓN	En esta actividad se busca deconstruir el concepto de masculinidad hegemónica, así como analizar la diferencia entre lo masculino y ser varón.

DESARROLLO	OBJETIVOS
En un primer momento se sugiere retomar lo trabajado anteriormente para frecuentar las principales ideas surgidas del debate y la actividad (Actividad 3).	→ Promover la construcción del concepto de masculinidad.

En un primer momento se sugiere retomar lo trabajado anteriormente para frecuentar las principales ideas surgidas del debate y la actividad (Actividad 3).

Se propone el visionado del video titulado: **"Construir la masculinidad de forma consciente".**

En pequeños grupos se plantean los siguientes interrogantes:

- ¿Alguna vez te sentiste cómo se sintió Pol?
- ¿Habías cuestionado las formas de ser varón y mujer?
- ¿Qué opináis sobre construir masculinidades diversas?

Por último, se le pedirá un resumen de las ideas aportadas en el gran grupo.

OBJETIVOS

→ Promover la construcción del concepto de masculinidad.
→ Propiciar la diferenciación entre lo masculino y ser varón.

PARTICIPANTES

- Alumnado de 13 a 18 años.

AGRUPAMIENTOS

- Pequeño grupo: de 3-4 personas.
- Gran grupo.

RECURSOS

o Vídeo: **"Construir la masculinidad de forma consciente"** de Pol Galofre (https://www.youtube.com/watch?v=RhUYfwVb6dg)

TIEMPO

- 45 minutos.

EVALUACIÓN

➤ En pequeños grupos, se elabora un Kahoot de 5 preguntas para realizar en el gran grupo (incluye al menos 2 preguntas que refieran a los conceptos trabajados, como masculinidad, género, sexo, varón).

ACTIVIDAD 5

DESCRIPCIÓN	En esta actividad se busca dialogar y reflexionar en familia, de manera crítica, sobre las formas de ser varón en la actualidad.

DESARROLLO	OBJETIVOS
Se propone visualizar el video del deportista Víctor Gutiérrez *"Waterpolista y activista LGTBI"*, y hacerlo en familia para dialogar, a continuación, sobre el contenido del video (https://www.youtube.com/watch?v=EWmU682RPu8).	→ Sensibilizar acerca de la temática de la violencia en parejas jóvenes. → Promover el diálogo familiar sobre la temática.

DESARROLLO (cont)	PARTICIPANTES
Tras el diálogo en casa, se darán respuesta a las cuestiones planteadas, que serán debatidas en el aula posteriormente.	• Alumnado de 13 a 18 años. • Familias.

Cuestiones:

• ¿Por qué piensas que han llamado maricón a Víctor Gutiérrez?

• ¿Creéis importante dialogar sobre estos temas en casa?

• ¿Alguna vez os habéis cuestionado acerca de las formas de ser varón?

AGRUPAMIENTOS

• Trabajo en familia.
• Gran grupo.
• Pequeño grupo: de 3-4 personas.

RECURSOS

o Vídeo de Víctor Gutiérrez *"Waterpolista y activista LGTBI"* (https://www.youtube.com/watch?v=EWmU682RPu8)

TIEMPO

• 30 minutos para el visionado y debate en el hogar.
• 30 minutos para el debate en el centro escolar.

EVALUACIÓN

➢ Se retomará la actividad en gran grupo para analizar las respuestas aportadas por el alumnado y sus familias.

➢ Finalmente, las ideas del grupo se plasmarán en un poster (cartulina) realizado en pequeños grupos.

ACTIVIDAD 6

DESCRIPCIÓN	A través de esta actividad se pretende realizar una evaluación de los conceptos trabajados, así como la posibilidad de lograr una mayor sensibilización sobre las nuevas masculinidades.

DESARROLLO	OBJETIVOS
Se propondrá al gran grupo organizarse en pequeños grupos, de 3-4 integrantes. A partir de ese momento, se les pedirá que realicen un cortometraje con todos los aspectos trabajados en esta unidad. Se les sugiere pensar en primer lugar la temática del corto, luego establecer el guion, y luego valorar aspectos técnicos previo a la realización de este.	→ Evaluar la incorporación de los conceptos abordados.

	PARTICIPANTES
	• Alumnado de 13 a 18 años. • Familias.

AGRUPAMIENTOS
• Pequeño grupo: de 3-4 personas. • Gran grupo.

RECURSOS
o Cámara, proyector, aula.

TIEMPO
• 3 semanas.

EVALUACIÓN

➤ Se evaluarán los vídeos, teniendo en cuenta aspectos como originalidad e incorporación de los conceptos trabajados a lo largo de la unidad.

➤ Se debe promover la autoevaluación y la evaluación entre compañeros.

RECUERDA

• La masculinidad no es natural, sino una construcción social, que cambia según el contexto y a lo largo del tiempo.

• Ser varón tampoco es natural, no depende solo de los genitales, sino de nuestra identidad de género.

• La masculinidad es más valorada a nivel social y cultural, y es asociada a varones cisgénero y heterosexuales, que poseen ventajas y privilegios respecto de otras personas.

• Las masculinidades más privilegiadas son las que más se acercan a los mandatos sociales, y las llamamos "normativas". A las que más se alejan de las normas, las llamamos "subordinadas".

• Los varones y, sobre todo, los grupos de varones cisgénero, ejercen mecanismos de control de la masculinidad, burlando, humillando, avergonzando o menospreciando a quienes no expresan esa masculinidad.

• Existen mandatos sociales sobre lo que es o no es la masculinidad, que constituyen privilegios y costos, relaciones de poder

(Tomado de Chioidi, A (2019). *Varones y masculinidad(es). Herramientas pedagógicas para facilitar talleres con adolescentes y jóvenes*).

Para saber más

- *¿Qué es la masculinidad tóxica?* (https://www.youtube.com/watch?v=ZhHa8 RXXxhk).
- *Hombres feministas y nuevas masculinidades* (https://www.youtube.com/watch?v=E0BE2oJpklg).
- Película: *Yo, adolescente* (https://youtu.be/-IoeS5470Dg (tráiler).
- Textos: *Vístete despacio que tenemos prisa.* Fundación CEPAIM (https://cepaim.org/wp-content/uploads/2021/06/Gui%CC%81a-Vi%CC%81stete-Despacio-que-tenemos-prisa-web.pdf).

5

Afrontamiento de la violencia relacional *online* y *offline* en las relaciones de noviazgo adolescente

Verónica Caballero Cala

Es ampliamente conocido que el establecimiento de vínculos socioafectivos es crucial para el desarrollo de los adolescentes. Las teorías del vínculo y el apego relacional han respaldado durante décadas la importancia de un apoyo socio-emocional estable, seguro y sólido por parte de la familia, los pares, la escuela y la comunidad en el crecimiento saludable de los adolescentes, siendo particu-larmente influyentes en momentos de cambio significativo (Ainsworth, 1989; Bowlby, 1982). La ausencia de vínculos, el aislamiento y la soledad pueden ser experimentados de manera tan dolorosa como la violencia física, desencade-nando múltiples trastornos psicoemocionales a lo largo de la vida (Harlow y Harlow, 1969).

Dentro de las relaciones significativas en la adolescencia, las relaciones sentimentales románticas o de pareja (*bonding with romantic partners*) tienen un papel distintivo debido al grado de cercanía e intimidad que generan, acom-pañando en ocasiones las primeras experiencias amorosas y sexuales. Estas relaciones se caracterizan por ser *diádicas y no verticales*, es decir, establecidas de manera recíproca entre dos personas sin una jerarquía preestablecida, aun-que siempre influenciadas por los determinantes sociales.

El vínculo que se forma en las parejas adolescentes es importante porque contribuye a la comprensión de la diversión, el deseo, la autonomía, el estatus, la experimentación sexual, el desarrollo de habilidades sociales y el cortejo, afectando incluso las relaciones de pareja y la salud sexual y psicológica en la edad adulta (Lee & Lock, 2012; Moretti & Peled, 2004). Por tanto, las primeras relaciones sentimentales configuran la comprensión de los modos de apego, responsabilidad, compromiso e intimidad, entre otros aspectos. De ahí que una tarea central de los programas de promoción y educación para la salud es identificar las formas relacionales que afectan negativamente al conjunto de vínculos de los adolescentes y promover un ecosistema relacional significativo, sólido y saludable. Este es el caso de la violencia relacional en el marco de la pareja.

Violencia relacional en la pareja adolescente: ¿qué es?

La violencia relacional es un subtipo de violencia que está ganando cada vez más presencia en las parejas adolescentes. A menudo, este tipo de violencia se ha agrupado bajo la etiqueta de violencia psicológica o emocional. Sin embargo, en los últimos años, se ha abordado de manera diferenciada debido a su impacto en el entorno social del joven, su influencia limitando la capacidad para recibir apoyo externo y su marcada influencia en la construcción de relaciones interpersonales presentes y futuras (Brodeur et al., 2023). Por tanto, la violencia relacional se define como un tipo de violencia que se manifiesta a través de comportamientos observables que promueven el rechazo, la exclusión y el aislamiento de la pareja. Su objetivo directo es disminuir la satisfacción en las relaciones interpersonales e incluye acciones como excluir a la persona del grupo, no hablarle, dejarla sola o difamarla, lo que afecta a su reputación social (Duru et al., 2019; Crick y Grotpeter, 1995).

Según Espelage y Swearer (2003), esta forma de violencia comprende actos que debilitan o destruyen las relaciones de una persona o su sentido de comunidad y pertenencia. En consecuencia, estas dinámicas pueden deteriorar o reducir el círculo de amigos, conocidos, la red social e incluso la propia relación de pareja. Por lo general, la violencia relacional se genera a través de mecanismos como: 1) el control social; 2) la difamación y humillación con un impacto social negativo; 3) la manipulación afectiva; 4) el aislamiento; y 5) los celos orientados al aislamiento.

1) *Control social.* El control se puede manifestar de muchos modos como, por ejemplo, mediante la demanda constante de información sobre el lugar y la compañía de la pareja, el espionaje sobre sus interacciones físicas o virtuales, la usurpación de la identidad para obtener informa-

ción social no revelada, el robo de contraseñas de acceso a redes para explorar las conversaciones con terceras personas o el intento de control por parte de terceros (pidiendo información a amigos sobre la pareja).

Algunas afirmaciones que sirven de muestra acerca de qué es el control social son: "He espiado las redes de mi pareja", "He pedido la contraseña de las redes sociales de mi pareja con el fin de controlarla", "Cuando sale, me tiene que dar la ubicación y los nombres de las personas con las que va", "He utilizado el móvil o las redes sociales haciéndome pasar por mi pareja y enviar mensajes trampa o desagradables a sus amigos", "Me he creado una identidad falsa para comprobar si mi pareja me sería infiel".

2) *Difamación y humillación social.* Este aspecto puede incluir la difusión de rumores sobre la pareja dirigidos a erosionar su reputación social o reducir el círculo de contactos, así como a su ridiculización pública o virtual (Wolfe et al., 2001). El envío de mensajes sexuales o fotos manipuladas con inteligencia artificial con contenido humillante o pornográfico también lo es. Los contenidos de los rumores, la información o las imágenes pueden ser de carácter íntimo o sexual. Ejemplos de difamación y humillación social: "Difundo rumores sobre él o ella a través de redes sociales", "Suelo destacar aspectos negativos de mi pareja en público para que no se lo crea"

3) *Manipulación afectiva.* Castigar con el silencio, negar la palabra o el afecto, condicionar el afecto a la realización de actividades no deseadas, también se han considerado formas de violencia relacional. Podemos considerar experiencias de manipulación afectiva: "Ignoro a mi pareja romántica cuando ha herido mis sentimientos de alguna manera, online o a través de mensajes de texto", "Sé cómo hacer para que mi pareja se sienta culpable, y a veces lo uso para conseguir lo que quiero". También se puede entender como manipulación afectiva la amenaza continuada de ruptura o provocar celos deliberadamente, generando constantemente miedo al reemplazo o al abandono, fuera de los acuerdos internos de la relación: "Escribí algo a través de redes sociales para hacerle sentir celoso o celosa".

4) *Aislamiento.* Incluye la prohibición, limitación o reprobación del encuentro con personas o poner a los amigos en contra de la pareja mediante mentiras. El chantaje y amenaza de ruptura si mantiene ciertos vínculos, la insinuación de infidelidad con la intención de limitar encuentros. Afirmaciones relacionadas con el aislamiento pueden ser: "He fomentado que mi pareja se distancie de sus amigos y su familia", "Me gustaría que mi pareja solo me prestase atención a mí".

5) *Celos orientados al aislamiento.* Por último, los celos son un aspecto controvertido en la comprensión de la violencia relacional, tal y como expresa Rodríguez-deArriba (2021). Muchos investigadores consideran que se trata de un estadio previo a la violencia (que puede anticipar o no la violencia), pero que no puede considerarse como tal. Así pues, ítems como los siguientes: "Me pongo celoso cuando mi pareja publica fotos provocativas en su perfil de la red social" son dudosamente considerables como formas de violencia. No obstante, cuando la forma en que los celos se expresan es mediante el acoso, persecución o constante control, sí se considera violencia relacional.

Incorporar a los estudios la violencia relacional de manera diferenciada (distinta de otros tipos de violencia) proporciona un *análisis profundo de la psicodinámica del poder en las relaciones sentimentales.* Esto implica entender cómo se construye la desigualdad dentro de la relación y cómo evolucionan los roles de cada miembro, influenciados por sus características y atributos de género. Este enfoque complejo permite comprender cómo interactúan víctimas y perpetradores en un contexto dinámico, donde los roles y el ejercicio del poder fluctúan y las resistencias se manifiestan. De este modo, nos alejamos de una visión monolítica del poder (Robinson y Ryder, 2014), reconociendo que la relación víctima-victimario, aunque está arraigada en las relaciones sociales, no es estática.

La violencia relacional en las parejas adolescentes presenta una dinámica distinta a otros tipos de violencia más graves y evidentes, como la violencia sexual y física, pero aún mantiene patrones de género. Algunos estudios han sugerido que las mujeres adolescentes pueden perpetrar violencia relacional en mayor medida, lo que a menudo sirve de justificación para la perpetración de violencia física por parte de los hombres (Catanzaro, 2011). Lunneblad & Johansson (2021), en sus entrevistas con docentes, identificaron un esquema *generizado* (marcado por la diferenciación de género) que relaciona la violencia relacional con las mujeres y la violencia física masculina como una respuesta a la primera, lo que perpetúa una narrativa que justifica un ciclo de violencia donde las mujeres supuestamente provocan la violencia masculina. Sin embargo, estudios recientes han concluido que no hay diferencias de género ni en la perpetración ni en la victimización de la violencia relacional (Bandera y Benítez-Muñoz, 2017).

Violencia relacional *online* y *offline*

La violencia relacional está adquiriendo una relevancia cada vez mayor con la integración de dispositivos electrónicos en la vida diaria. Investigaciones publicadas aproximadamente hace una década reconocían la presencia de violencia relacional en un rango del 4 al 18% en parejas adolescentes. Sin embargo, las cifras actuales y la percepción de investigadores en la materia indican que estos porcentajes van en aumento debido a la ubicuidad y constante presencia de las tecnologías virtuales. El control, el espionaje y la difamación en línea se están incrementando, aumentando las cifras de violencia relacional en el entorno digital (Morelli et al., 2018). Como venimos señalando, la naturaleza de los entornos virtuales los convierte en lugares especialmente propicios para el control y la vigilancia (Soriano et al., 2013; Cala & Gil, 2022). Entre otros motivos, la necesidad imperante de mostrar la intimidad constantemente, junto con los algoritmos virtuales diseñados para captar la atención con contenidos cada vez más agresivos, está reconfigurando y promoviendo nuevas formas de violencia.

Estudios como los de Lyndon et al. (2011) y Holfeld & Leadbeater (2015) sugieren que las formas de violencia relacional en el ámbito virtual aún son menos frecuentes que las formas *offline*. Sin embargo, tras la pandemia de la COVID-19, que aumentó y acentuó la virtualización de las relaciones, y con la llegada de aplicaciones con inteligencia artificial, están surgiendo más casos de violencia relacional en línea. Esto incluye la proliferación deliberada del uso y la difusión de imágenes manipuladas, especialmente de mujeres, con fines de burla, chantaje o extorsión.

Instrumentos de evaluación de la violencia relacional

Los debates sobre las cifras y la relación con el género de la violencia relacional han llevado a autores como López- Barranco et al. (2022) a establecer que la medición de la violencia relacional todavía debe mejorarse. No obstante, los profesionales que quieran analizar las cifras en sus contextos deben saber que hay instrumentos validados que la incluyen.

- La escala *Conflict in Adolescent Dating Relationships Inventory* (CADRI), la más utilizada por las encuestas para medir la violencia en las parejas adolescentes, incorpora la violencia relacional como dimensión. Los ítems que introduce para medirla son cinco: 1) le seguí para saber con quién y dónde estaba; 2) le ridiculicé o me burlé de él o ella delante de otros; 3) extendí rumores falsos sobre él o ella; 4) traté de poner a sus amigos en su contra; y 5) dije cosas a sus amigos para ponerlos en su contra.
- El *Cyber Dating Violence Inventory* (CDVI) se centra en la evaluación de la perpetración y victimización relacional en las citas cibernéticas que,

hasta donde sabemos, ningún instrumento ha considerado como una dimensión específica (Morelli et al., 2018).

■ La *escala VPA-RC* (Soriano-Ayala et al., 2021; Cala & Gil, 2022) incluye la violencia relacional bajo el subtítulo violencia psicoemocional de impacto social.

De cara a una intervención específica para prevenir la violencia relacional es recomendable utilizar alguno de estos instrumentos, u otros que puedan ir publicándose, con el fin de monitorizar los cambios atribuibles a la aplicación del programa de intervención desarrollado. Es fundamental recordar que el diseño de programas de prevención debe incorporar siempre estrategias de diagnóstico, análisis y evaluación específicas y centradas en las temáticas propuestas.

Bases de la violencia relacional para abordar su prevención

Cuando nos cuestionamos sobre el origen de la violencia relacional en relaciones de pareja, ya sean adolescentes o no, resulta difícil llegar a una respuesta unánime y definitiva. La violencia, en su sentido más amplio, puede entenderse como la imposición de cambios en el comportamiento de otra persona, ajustándola a nuestros deseos, intereses o impulsos; es decir, cuando se dirige y obliga a alguien a comportarse en contra de su voluntad. Por tanto, en términos interpersonales, la violencia comienza cuando se ejerce poder sobre otro, afectando su libertad y dignidad, imponiendo significados y formas de vida.

Esta imposición o modelado de comportamientos ajenos contribuye a consolidar roles y posiciones de poder desiguales, lo que a su vez favorece la perpetuación del ciclo de violencia. Sin embargo, esta comprensión de la violencia es amplia y puede abarcar actividades que no se consideran socialmente como violentas, por lo que es común especificar que la violencia se manifiesta cuando el esfuerzo por modificar al otro se vuelve perjudicial para la persona. Así, desde la perspectiva del bienestar y la salud, es el impacto de la violencia lo que requiere ser identificado, señalado y abordado (desde una perspectiva de justicia, el enfoque estaría en la desigualdad de poder subyacente). Es por esta razón que evaluamos la violencia en función de sus consecuencias perjudiciales.

Pero ¿por qué buscamos imponer cambios en el otro? ¿Qué subyace y motiva la violencia? Las razones suelen estar fundamentadas en diversos aspectos individuales y sociales (Corradi, 2020; Segato, 2003), y están profundamente influenciadas por las condiciones históricas, económicas y políticas de una sociedad:

- *A nivel individual*, puede fundarse en el miedo al abandono, el desamparo, la soledad y la soltería, a no ser querido o valorado sumado a formas de apego dependientes y controladoras, que naturalizan que los otros deben garantizar nuestro bienestar. Asimismo, también se ha descrito el origen de la violencia en la rivalidad y la competición por conseguir lo mismo. El deseo humano de tener lo que poseen otros, los celos, y la imposibilidad de que esto se cumpla, es fuente de violencia individual y colectiva.

- *En términos sociales*, la violencia se puede explicar de manera grupal cuando se generan instituciones que organizan la forma y dirección de la violencia. El surgimiento de discursos, normas y roles sociales puede estar ligado a sostener las relaciones de poder, el control y dominio de unos grupos sobre otros. Estas convenciones y normas culturales pueden generar violencia de dos modos: tanto con su cumplimiento como con su fracaso. Por ejemplo, si pensamos en la violencia asociada a la construcción del género, y concretamente atendemos a la masculinidad, podemos analizar que esta ha llevado históricamente aparejada la agresividad y la demostración de fortaleza y violencia física, por lo que en muchos casos hay una violencia demostrativa que busca reproducir las normas; pero a su vez, también ha generado violencia la imposibilidad de cumplir con las normas, discursos y roles asociados a la masculinidad, como sucede ante la frustración de no poder alcanzar las expectativas sociales asociadas a lo masculino.

Existe una violencia inscrita en determinados discursos, roles y normas (algo cada vez menos frecuente en las sociedades europeas) y otra violencia que se desencadena del fracaso o imposibilidad de alcanzarlas (habitualmente consecuencia de la frustración que genera no acomodarse a las expectativas sociales). Si volvemos al ámbito concreto de la violencia en la pareja, instituciones como la familia patriarcal, la pareja monógama heterosexual o los propios roles asociados a la experiencia del amor romántico han estado íntimamente ligados a la violencia. Así pues, autoras como Esteban (2011) o Vasallo (2017) han señalado cómo la jerarquización de las relaciones de parejas sobre otros vínculos sentimentales, así como muchos de los mitos románticos, han encorsetado los comportamientos asociados a la pareja de una manera muy ligada al género.

De este modo, cabe pensar que la fuente de la violencia pueda venir inscrita tanto en el miedo y deseo de control, como en los celos y la rivalidad, o en el cumplimiento o frustración de cumplimiento de mandatos sociales, de género, culturales-amorosos.

Tácticas y estrategias para afrontar la violencia relacional

La comprensión de la violencia delineada en el apartado anterior proporciona un marco para establecer una estrategia de prevención de la violencia relacional. La estrategia en este plan global debe considerar no solo la capacidad de identificar y reconocer la violencia, sino también la de comprender sus fundamentos individuales y sociales. Consiguientemente, se pueden proponer las siguientes acciones tácticas para abordar los diversos aspectos de la estrategia:

- Educación sobre la identificación de la violencia relacional y sus diversas manifestaciones: Control social, Difamación y humillación social, Manipulación afectiva, Aislamiento y Celos orientados al aislamiento.
- Análisis y reflexión sobre las dinámicas fluidas y cambiantes asociadas a la violencia relacional, tanto en la relación víctima-victimario como en el papel de la familia, la sociedad y las tecnologías de la comunicación.
- Reconocimiento de las consecuencias de la violencia relacional, prestando especial atención al impacto del aislamiento.
- Abordaje de los factores individuales que promueven la violencia, como el control y los celos derivados del miedo al abandono, reemplazo, fracaso y soledad.
- Cuestionamiento de los factores socioculturales, las normas de pareja y los discursos amorosos que generan presión en la relación, y la promoción de una ética del cuidado afectivo basada en la construcción de consensos.

PROPUESTAS DE ACTUACIÓN

Se proponen cinco posibles actividades, dirigidas a trabajar la violencia relacional, que abordan cada uno de los puntos propuestos como estrategias y tácticas para la prevención: 1. Identificar la violencia; 2. Reconocer y comprender la dinámica; 3. Analizar las consecuencias del aislamiento; 4. Profundizar en los factores individuales que generan la violencia relacional (miedos, celos, culpas...); y 5. Mapear los factores sociales o estructurales que afectan a las relaciones.

ACTIVIDAD 1: *EL "TEST DE LA VR":* *APRENDER A IDENTIFICAR LA VIOLENCIA RELACIONAL*

DESCRIPCIÓN	A lo largo de esta actividad se busca presentar el concepto de violencia relacional, sus dimensiones y su concreción en comportamientos observables. Para ello se les pedirá que analicen videos de TikTok y experiencias cercanas con el **Test de la VR**.

DESARROLLO

En primer lugar, se divide la clase en grupos de 4 o 5 personas.

A continuación, se entrega el "Test de la VR" junto a un conjunto de preguntas.

Test de la VR

Definición de Violencia Relacional *offline* y *online*:

Dimensiones Control social **(CS)**, Difamación y humillación social **(DHS)**, Manipulación afectiva **(MA)**, Aislamiento **(AIS)** y Celos orientados al acoso y control **(CEL)**

1. **CS**. Pedir información sobre lugares frecuentados y compañías de la pareja.
2. **CS**. Crear cuenta falsa para poner a prueba.
3. **CS**. Coger el móvil sin permiso para leer todas las conversaciones.
4. **DHS**. Difundir imágenes trucadas o rumores sobre la persona.
5. **DHS**. Humillar con comentarios en público a la pareja.
6. **MA**. Ignorar/no hablar a la pareja como modo de castigo.
7. **MA**. Poner celoso/a voluntariamente a la pareja.
8. **AIS**. Prohibir a la pareja el contacto con personas cercanas.
9. **AIS**. Fomentar el distanciamiento de la pareja con otros seres queridos.
10. **CEL**. Cuando siento celos, pido a mis contactos que espíen o controlen a mi pareja y me manden información sobre lo que hace.

Instrucciones y preguntas sobre el *Test VR*

Se les solicitará que lean en voz alta cada una de las afirmaciones y debatan a partir de las siguientes cuestiones:

- ¿Consideráis que las frases describen correctamente la violencia relacional?
- ¿Cuál de las afirmaciones te parece más frecuente? ¿Por qué?
- ¿Crees que se da de manera online o presencial?
- ¿Has visto algún canal de TikTok o alguna serie en la que aparezca alguna de estas conductas? Busca y selecciona algunos clips para mostrarlos en el grupo grande
- ¿Conoces alguna pareja cercana que haya sufrido alguna de estas conductas?
- ¿Crees que la violencia relacional es distinta en personas de distinto género, orientación u origen?
- ¿Hay conductas que no han sido recogidas en el Test? Incluye nuevas formas de violencia al *Test VR* y presenta el Test VR-Modificado.

Instrucciones y preguntas sobre el *Test VR*

En el gran grupo cada equipo presentará las modificaciones incorporadas al *Test VR* y mostrará los fragmentos de videos en los que se observa esta forma de violencia.

→

→

ACTIVIDAD 1 (CONT.): EL "TEST DE LA VR": APRENDER A IDENTIFICAR LA VIOLENCIA RELACIONAL

OBJETIVOS

→ Presentar el concepto de violencia relacional.
→ Favorecer la identificación de violencia relacional virtual y offline en situaciones cercanas.
→ Estimular capacidades de análisis, observación y reflexión crítica de la realidad.

PARTICIPANTES

• Estudiantes de 13 a 18 años.
• Pequeño grupo: de 4 a 5 personas.
• Gran grupo: toda la clase.

RECURSOS

o Test VR.
o Acceso a recursos audiovisuales.

TIEMPO

• Sesión de 50 minutos.

EVALUACIÓN

Evaluación formativa/ de proceso.

➤ Se solicitará que entreguen el Test VR modificado junto a sus reflexiones.

➤ Con estos materiales, se valorará la pertinencia de la actividad.

➤ Se valorará también el grado de interés, aprendizaje y reflexión generado.

ACTIVIDAD 2: *INVESTIGACIÓN DE UN CASO REAL: LAS FOTOS DE ALMENDRALEJO. ANÁLISIS Y REFLEXIÓN SOBRE LAS DINÁMICAS ASOCIADAS A LA VIOLENCIA RELACIONAL*

DESCRIPCIÓN	El objetivo de esta actividad es analizar las distintas dinámicas surgidas en torno a un caso de violencia relacional concreto, profundizando sobre el papel de cada uno de los agentes implicados. Se utilizarán artículos periodísticos con distintos enfoques y perspectivas como recurso. Se invitará a los jóvenes a convertirse en investigadores del caso real seleccionado.

DESARROLLO

Como recurso educativo se utilizará un caso reciente con marcada repercusión mediática. El ejemplo del caso reciente que incluimos en este capítulo es el de los *"Deepfakes de los chicos de Almendralejo"*; pero lo ideal será ajustar el tema elegido a la realidad del momento.

Para trabajar el caso se dividirá la clase en *grupos de investigación* compuestos por entre 3 y 5 personas. A cada grupo se le entregará:

1) Descripción del caso.
2) Artículos en formato virtual o impreso según las condiciones del aula.
3) Un conjunto de preguntas sobre las que deberán reflexionar.

Caso de los desnudos con Inteligencia Artificial (*Deepfakes*) sucedidos en Almendralejo

En el caso "Almendralejo", la Policía Nacional ha identificado a menores de entre 12 y 14 años en relación con la difusión de imágenes de falsos desnudos de otras menores en la localidad. Estas imágenes comenzaron a circular durante las vacaciones de verano y generaron conmoción en la comunidad escolar. Las autoridades investigaron el caso después de que 22 madres presentaran denuncias, y se tomaron las declaraciones de 22 víctimas, todas mujeres, cuyos rostros fueron superpuestos en montajes fotográficos pornográficos compartidos en redes sociales. Algunos de los menores responsables, a partir de los 14 años, podrían enfrentar consecuencias legales, pero solo si tienen más de 14 años según la Ley del Menor. Este caso resalta la preocupación sobre el uso de la inteligencia artificial, el *ciberbulllying* y la violencia entre iguales y la reconfiguración de las relaciones de género.

Artículo 1. *Otras nueve víctimas en Almendralejo en 24 horas: lo que se sabe del caso de los desnudos con IA* (https://elpais.com/sociedad/2023-09-20/siete-nuevas-victimas-en-almendralejo-en-24-horas-lo-que-se-sabe-por-el-momento-del-caso-de-los-desnudos-con-ia.html).

Artículo 2. *Hastío en Almendralejo: "Con una foto le han destrozado la infancia"* (https://www.abc.es/sociedad/hastio-almendralejo-foto-destrozado-infancia-20230924183915-nt.html?ref=https%3A%2F%2Fwww.abc.es%2Fsociedad%2Fhastio-almendralejo-foto-destrozado-infancia-20230924183915-nt.html).

Artículo 3. *'Deepfakes' sexuales: el caso de las menores de Almendralejo consolida una nueva forma de violencia machista* (https://www.eldiario.es/sociedad/deepfakes-sexuales-caso-menores-almendralejo-consolida-nueva-forma-violencia-machista_1_10527153.html).

Artículo 4. *"Desviste a chicas gratis": la descontrolada app que usaron los chicos de Almendralejo* (https://www.huffingtonpost.es/tecnologia/desviste-chicas-gratis-descontrolada-app-usaron-chicos-almendralejobr.html).

Artículo 5. *Los padres de uno de los menores de Almendralejo: "Nuestro hijo no es ningún delincuente, pero sí ha jugado con una pistola"* (https://www.epe.es/es/sucesos/20230924/padres-menores-desnudos-inteligencia-artificial-almendralejo-hijo-delincuente-92509331).

→

→

ACTIVIDAD 2 (CONT.): INVESTIGACIÓN DE UN CASO REAL: LAS FOTOS DE ALMENDRALEJO. ANÁLISIS Y REFLEXIÓN SOBRE LAS DINÁMICAS ASOCIADAS A LA VIOLENCIA RELACIONAL

DESARROLLO

En cada uno de estos Artículos se presta atención a un punto de vista.
- Víctimas y victimarios adolescentes.
- Impacto de la tecnología en roles de género y el papel de la legislación.
- Familias.
- Sociedad/comunidad.

Una vez se hayan leído los artículos periodísticos se deberá analizar la situación y responder a las siguientes preguntas en grupo:
- Relación entre víctimas y victimarios.
- ¿Qué factores motivaron a los victimarios a manipular las imágenes?
- ¿Qué papel juega la familia, el profesorado y la comunidad en este caso?
- ¿Qué responsabilidades tiene cada uno de los agentes incluidos?
- ¿Qué responsabilidad colectiva tenemos todas las personas sobre esta situación?
- En este ejemplo se desconoce cuántos de ellos son parejas o han tenido relaciones sentimentales previas. Piensa si la reacción hubiera sido la misma en el marco de una pareja.
- ¿Se te ocurren formas de afrontar esta situación desde un enfoque educativo, de reparación del daño a las víctimas que no suponga la cárcel/centros de menores?

OBJETIVOS

→ Analizar la complejidad de la violencia relacional virtual y offline
→ Identificar las dinámicas internas a la VR.
→ Comprender el impacto de los distintos agentes sociales.
→ Pensar el abordaje social del problema y las salidas educativas y judiciales al mismo.

PARTICIPANTES

- Estudiantes.
- Familias. Puede adaptarse la actividad para incorporar a las familias en el debate, llevando la actividad al AMPA. En el caso de las familias se podrá utilizar una metodología de trabajo en grupos o bien como dinámica en grupo grande guiada por el docente.

RECURSOS

o Entre 3 y 5 artículos periodísticos en formato físico o virtual.

TIEMPO

- 50 minutos de clase.
- Si se estima que hay baja capacidad de lectura, se puede reducir el número de artículos o dividir la sesión en dos sesiones.

EVALUACIÓN

Evaluación formativa.
➤ Se recogerán por escrito de las respuestas.
➤ Se recogerán también las preguntas relacionadas con el caso.

ACTIVIDAD 3: *EL DIARIO SOCIAL.*
REFLEXIONAR SOBRE EL IMPACTO Y LAS CONSECUENCIAS
DE LA VIOLENCIA RELACIONAL

DESCRIPCIÓN	Con esta actividad se busca crear consciencia sobre el conjunto de las relaciones que se tienen y los efectos de ir cortándolas poco a poco. Se aconseja poner especial énfasis en torno al aislamiento.

DESARROLLO	**OBJETIVOS**
Para esta actividad es importante dedicar unos minutos en dos sesiones separadas con una semana de distancia. 1. *Presentación del Diario Social* En la primera sesión se explicará la dinámica de la primera parte de la actividad, que consiste en la elaboración de un diario social. El *diario social* es un cuaderno con 7 páginas en las que cada día se deberán describir todas las interacciones que cada persona ha tenido con otras personas ya sean conocidas o desconocidas e incluso no humanas, como es el caso de mascotas o plantas. Se puede recordar que pueden describir el contacto con familiares, amigos cercanos, compañeros de clase, compañeros de otras aficiones, amigos virtuales, profesorado y trabajadores del instituto, de la sanidad, del barrio, amigos de padres, desconocidos.	→ Ahondar en el impacto social que tiene la VR. → Reflexionar sobre el conjunto de vínculos que se poseen. → Analizar e imaginar el impacto de la pérdida de todos los vínculos e interacciones interpersonales.
	PARTICIPANTES
	• Estudiantes de 13 a 18 años. • Gran grupo: toda la clase.
2. *Dinámica de reflexión a partir del diario social* En la segunda sesión, guiada por el personal docente, se les pedirá que imaginen individualmente que van perdiendo paulatinamente el contacto con las personas o seres descritos, comenzando por aquellas más lejanas hasta llegar a las más cercanas. Para ordenar las reflexiones, se pedirá que escriban sus emociones y experiencias a medida que se produce la desaparición de cada una de las personas o seres que han recogido en el diario social.	**RECURSOS**
	o Folios para la elaboración del diario si se decide hacerlo manualmente.
	TIEMPO
	• 15 minutos de una sesión 7-10 días antes de la actividad. • 50 minutos para la dinámica de reflexión a partir del diario social.
Una vez se haya sustraído el contacto con todas las personas cercanas, se lanzarán una serie de preguntas sobre la importancia de los vínculos de distinto tipo que mantienen y la sensación que experimentan cuando se simula su desaparición. Por último, puesta en común de la experiencia del aislamiento.	

EVALUACIÓN
Evaluación formativa. ➤ Se solicitará que se entregue el diario social y un texto con las reflexiones derivadas en el que se describa la experiencia de un aislamiento progresivo imaginario.

ACTIVIDAD 4: *"EL CONSULTORIO SENTIMENTAL"*. *ESTRATEGIAS PARA AFRONTAR Y TRABAJAR LOS MIEDOS, EL CONTROL Y LOS CELOS EN LA PAREJA*

DESCRIPCIÓN	El miedo, el apego dependiente y los celos pueden desencadenar el control y la violencia relacional en la pareja. Este tipo de respuestas no se cambian de un día para otro, sino que implican internalizar nuevos modos de relación regidos por la confianza y la autoconfianza, el respeto, la tolerancia, la honestidad, el apoyo mutuo, la conexión y la autonomía de cada miembro de la pareja. Por ese motivo, las actividades que se desarrollen deben transcurrir a lo largo de un periodo de tiempo sostenido.
	La propuesta es el desarrollo de un consultorio sentimental virtual en el periódico del centro o en un tablón destinado a ello. Jóvenes de todo el centro educativo podrán hacer consultas relacionadas con los problemas y violencias de pareja, especialmente centrados en cuestiones como el control, los celos o los miedos. Los jóvenes responsables del consultorio deberán elaborar para cada consulta una serie de respuestas y recomendaciones basadas en información rigurosa, obtenida en páginas que proporcionen garantía de confianza y seguridad.
	Una iniciativa similar a esta propuesta es la que está desarrollando la escritora Sara Torres en el periódico *El Diario*. Desde la sección "Está bien sentir" se propone pensar en común y politizar vivencias relacionadas con el amor, el deseo y la pareja (https://www.eldiario.es/era/consultorio-pareja-lenguaje-amor-celos_1_10412233.html).

DESARROLLO

Organizar un consultorio sentimental requiere de un trabajo de investigación y reflexión por parte del equipo redactor. Por ese motivo, se presentará en una primera sesión la iniciativa y se pondrá en marcha a lo largo de todo un trimestre.

1. *Presentación de la iniciativa de "Consultorio sentimental"*

    En la sesión introductoria se explicarán durante, al menos, 40 minutos los siguientes apartados:

    • En qué consiste una columna o consultorio sentimental.

    • Fundamentos por los que los miedos y los celos pueden desencadenar el control y violencia relacional.

    • Explicar cómo se construyen relaciones de pareja saludables.

    • Compartir aquellos blogs que son de utilidad para fundamentar las respuestas del equipo redactor del alumnado.

    • Se puede ofrecer opcionalmente el contacto de algún docente de apoyo.

    • Explicar el proceso de organización de un consultorio sentimental.

2. *Conformación del equipo redactor del consultorio*

    Constitución de un equipo voluntario dedicado a la evaluación de problemas sentimentales que se intentan solucionar mediante una serie de recomendaciones. El equipo redactor deberá definir: el proceso de recepción de las consultas de otros compañeros y compañeras, el tiempo de respuesta y el mecanismo de publicación (columna física, blog digital, periódico escolar...).

3. *Respuestas del consultorio*

    Las personas del equipo redactor, después de habilitar el sistema de recogida de las preguntas sentimentales (mediante un correo electrónico, buzón físico o el sistema que determinen), se reunirán periódicamente para leer las preguntas y elaborar una respuesta basada en información rigurosa. Los textos de respuesta con recomendaciones deberán ser fruto de un proceso de investigación y documentación para proporcionar respuestas serias y basadas en estudios.

→

→

ACTIVIDAD 4 (CONT.): "EL CONSULTORIO SENTIMENTAL". ESTRATEGIAS PARA AFRONTAR Y TRABAJAR LOS MIEDOS, EL CONTROL Y LOS CELOS EN LA PAREJA
OBJETIVOS
→ Analizar las distintas preocupaciones, miedos y dificultades asociados a la pareja de los jóvenes.
PARTICIPANTES
• Estudiantes de 13 a 18 años. • Equipo redactor: voluntarios.
RECURSOS
o Buzón o espacio para recoger las consultas, panel o espacio web para alojar las respuestas. o Ordenadores con acceso a internet para el trabajo del consultorio.
TIEMPO
• Es recomendable que tenga una duración mínima de un semestre. • Aunque puede comenzarse y hacer balance a los tres meses.
EVALUACIÓN
Evaluación formativa. ➤ Calidad de las respuestas del equipo redactor. ➤ Evaluación de la participación en la actividad.

ACTIVIDAD 5: "LA PAREJA NO ES LO ÚNICO": ACTIVIDAD PARA IDENTIFICAR VÍNCULOS SIGNIFICATIVOS, CUIDAR LA RED AFECTIVA Y DESJERARQUIZAR LAS RELACIONES INTERPERSONALES

DESCRIPCIÓN	Esta actividad tiene como objetivo cuestionar las bases de un pensamiento amoroso y una comprensión de la pareja que infravalora determinados vínculos, priorizando otros. Asimismo, busca reflexionar sobre cómo se ha construido esa relación de pareja ideal sobre la base de normas, discursos e ideologías.

DESARROLLO

Para hacer manejables los grupos se recomienda dividir a la clase en grupos de 4-6 personas.

La actividad se dividirá en tres partes para las que se recomienda utilizar dos sesiones seguidas, dedicando 30 minutos a cada parte y dejando un espacio de aproximadamente 20 minutos de valoración final.

1. *¿Qué es para nosotros la pareja ideal?*

En la primera parte de la sesión se repartirán varios pósit de colores en los que deben reflexionar sobre la idea que tienen sobre su relación y su pareja ideal. Se pedirá que se responda a distintas preguntas usando los Post-it asignados a cada pregunta.

- Pósit amarillo. Atributos de la pareja ideal (un atributo en cada pósit). Se pueden recortar en filas pequeñas para evitar gastar demasiado papel.
- Pósit azul. Características de la relación romántica ideal.
- Pósit verde. Qué aspectos positivos te reportaría una relación de pareja ideal.

De forma individual cada persona contestará a las preguntas sugeridas. En cada pósit se intentará poner únicamente una palabra. Se evitará el uso de más palabras para que no sea demasiado largo.

Después de unos 5 minutos, todos los miembros del grupo deberán pegar sus respuestas en la parte superior de un rollo de papel continuo o la pizarra. El papel continuo habrá sido previamente dividido en tres secciones de igual tamaño. Las respuestas coincidentes deberán agruparse de tal modo que se perciba qué ideas son las más repetidas.

2. *¿Qué otras personas comparten esas características?*

Una vez se hayan depositado los pósit, en la parte media del papel continuo se escribirán términos de otras figuras cercanas: Madre/padre/mejor amigo-a/ pareja/ compañeros de mesa/ mascotas/ naturaleza/ amistades virtuales/ vecinos/profesores/

Pueden añadir todas las figuras que consideren. Cuando esté listo, deberán responder a la siguiente pregunta: ¿Cuáles de los aspectos o atributos señalados en la pareja ideal es cubierto por las personas o figuras cercanas?

Parte 3. *Cómo construir una ética afectiva desjerarquizada y expandida*

Una vez que se haya contestado a la pregunta, se abrirá un debate en el que los jóvenes deberán pensar cómo construir relaciones sociales en las que no se priorice a unas personas sobre otras.

→

© narcea, s. a. de ediciones

→

ACTIVIDAD 5 (CONT.): "LA PAREJA NO ES LO ÚNICO": ACTIVIDAD PARA IDENTIFICAR VÍNCULOS SIGNIFICATIVOS, CUIDAR LA RED AFECTIVA Y DESJERARQUIZAR LAS RELACIONES INTERPERSONALES

OBJETIVOS

→ Pensar el ideal de pareja, sus atributos y el tiempo y las actividades que deseamos dedicar
→ Recordar qué otros vínculos también nos proporciona aquello que deseamos de la pareja.
→ Diseñar estrategias para generar una ética afectiva expandida.

PARTICIPANTES

• Estudiantes de 13 a 18 años.
• Gran grupo: toda la clase.

RECURSOS

o Pósit y bolígrafos.

TIEMPO

• 100 minutos: 30 min para la parte 1.
• 25 minutos, para la parte 2.
• 25 minutos, para la parte 3.
• 20 min de asamblea final.

EVALUACIÓN

Evaluación formativa.

➤ Valorar el funcionamiento, implicación y desarrollo de pensamiento crítico en las actividades.

Para saber más

Puedes descargarte los cuestionarios para evaluar la violencia relacional en los siguientes enlaces:

■ *¿Conflict in Adolescent Dating Relationships Inventory (CADRI)*. Wolfe, D.A., Scott, K., Reitzel-Jaffe, D., Wekerle, C., Grasley, C., & Straatman, A.L. (2001). Development and validation of the Conflict in Adolescent Dating Relationships Inventory. *Psychological Assessment, 13*(2), 277-293. https:// doi.org/10.1037/1040-3590.13.2.277

■ *Cyber Dating Violence Inventory*. Morelli, M., Bianchi, D., Chirumbolo, A., & Baiocco, R. (2018). Cyber Dating Violence Inventory (CDVI) [Database record]. APA PsycTests. https://doi.org/10.1037/t70952-000

■ *Cuestionario VPA-RC*. Soriano-Ayala, E., Sanabria-Vals, M., & Cala, V.C. (2021). Design and validation of the scale TDV-VP teen dating violence: Victimisation and perpetration [Violencia en parejas adolescentes: Victimización y perpetración] for Spanish speakers. *International Journal of Environmental Research and Public Health, 18*(2), 421.

6

Las ciberviolencias en las parejas jóvenes y adolescentes

Iván Pedro Rodríguez Sánchez

En este capítulo abordamos el estado de conocimiento del fenómeno de ciberviolencias en la pareja y cómo particularmente perjudica a las mujeres. Los medios digitales, si bien han permitido un gran desarrollo global en todas las esferas sociales, también han sido una fuente de nuevos y viejos conflictos que tienen una base sociocultural en la concepción misma de las relaciones, y que se complejizan aún más por las características propias de la tecnología. El ritmo de cambios en las relaciones interpersonales es potenciado por las tecnologías de la información y va por delante de la comprensión y efectos colaterales. Sin embargo, a día de hoy podemos conocer cómo operan las principales violencias contra las parejas más jóvenes a través de los medios digitales.

¿Qué son las ciberviolencias?

Para conocer el contexto y la definición de las ciberviolencias en las parejas es preciso ubicar diversos elementos en torno al estudio de este fenómeno. Por un lado, surgen con las tecnologías de la información y comunicación (TIC), pues forman parte de la vida diaria de las personas en todas las edades a partir principalmente de la generación *Millenial* (nacidos en los 80 y 90), siendo esta la primera generación considerada nativa digital (Larios Gómez et al., 2019). Actualmente el tiempo diario dedicado al uso de internet y la interacción social por medio de dispositivos electrónicos ha transformado los estilos de vida y los espacios sociales tanto para los más jóvenes como para los adultos (Torrecillas-Lacave et al., 2017).

Las redes sociales son estos espacios de interacción política, social, cultural y privada, donde eventualmente surgen agresiones de distinta índole. Las características propias de las tecnologías digitales facilitan el monitoreo intencionado de la actividad social y geolocalización de las personas, a la vez la disminución del contacto "cara a cara" es un factor que influye para crear un anonimato, o bien, para generar una distancia entre las agresiones perpetradas y la identificación de elementos corporales que son evidencia de los efectos de los daños sobre las víctimas (Heirman y Walrave, 2008).

Los adolescentes son considerados el grupo más vulnerable al uso problemático de las TIC (Ramos-Soler et al., 2018), al ser el móvil e internet para ellos una herramienta sumamente importante para la socialización con sus iguales y para el contacto con sus parejas (Hertlein y Blumer, 2013; Villora et al., 2019). A la vez están más expuestos y participan activamente en espacios donde se diseminan contenidos de violencia, pornografía, discriminación y contenido de odio (Cabo Isasi y García Juanatey, 2017). Esta inmersión digital continua de los adolescentes conlleva el riesgo de participar en ciberagresiones y/o sufrir cibervictimización.

Los abusos contra las parejas en adolescentes y jóvenes pueden encontrarse en la literatura con varios nombres para el mismo fenómeno, algunos conceptos son:

- *"Abuso Online en el Noviazgo"* (Villora et al., 2019b).
- *"Virtual Relationship Violence"* (Marganski, 2013).
- *"Digital Dating Abuse"* (Bhogal et al., 2019).
- *"Cyber Aggression"* (Sánchez y Lucio, 2017).
- *"Cyber Dating Abuse"* es, posiblemente, el término más recurrente hasta ahora (Borrajo et al., 2015).

En estas diferentes terminologías existen variaciones sobre la caracterización y frecuencia de las conductas problemáticas. Sin embargo, coinciden los comportamientos, como la vigilancia o monitoreo intencionado de la pareja sin su consentimiento, a través del móvil o de cualquier otro dispositivo digital.

También las conductas de agresiones psicológicas enviadas a la mensajería, o en el muro público y otras manifestaciones de insultos, humillaciones, amenazas, etc., o el acoso sexual que implica la demanda forzada de contenido y/o comportamientos sexuales, o la amenaza y extorsión de publicar en espacios públicos fotografías, videos y otras evidencias de origen sexual y privado de la pareja, constituyen conductas problemáticas.

© narcea, s. a. de ediciones

Prevalencia y consecuencias de las ciberviolencias en la pareja

Los comportamientos abusivos se han encontrado con grandes variaciones en las tasas de participación, los tipos y frecuencias de abusos y diferencias según el género. Desde un 10% a 92% de participantes adolescentes y jóvenes han sido perpetradores y/o víctimas (Bennett et al., 2011; Burke et al., 2011; Lyndon et al., 2011; Zweig et al., 2013). La gran disparidad de tasas, así como las diferencias por género para participar en las ciberagresiones de la pareja, e incluso la clasificación de los tipos de abusos y consecuencias, han sido tema de debate teórico y metodológico, por lo que la literatura científica prolifera en este sentido; por ello, la demanda actual de algunos teóricos es homogenizar el estudio del fenómeno de las cibereviolencias empleando instrumentos fiables (Rodríguez-Domínguez et al., 2020; Gámez-Guadix et al., 2018).

Las causas y la gravedad de las consecuencias de los diferentes tipos de abusos de la pareja a través de las tecnologías digitales son a menudo consideradas dentro del estudio de la violencia de pareja contra las mujeres (IPVAW por sus siglas en inglés), al ser un problema global que afecta principalmente a ellas en sus derechos humanos y en su libre y sano desarrollo (Sardinha et al., 2022; World Health Organization (WHO), 2018).

La ciberviolencia de las parejas está asociada a la depresión, apego inseguro y ambivalente, ansiedad, una mayor incertidumbre respecto a la relación, comportamientos antisociales como un mayor aislamiento, consumo de sustancias, niveles altos de estrés percibido, incluso pueden ser más alto que el percibido por agresiones tradicionales (Hinduja y Patchin, 2011). Las ciberviolencias de la pareja también guardan fuertes vinculaciones con otros tipos de violencias en los vínculos offline (espacios presenciales) como los abusos físicos, psicológicos y sexuales (Borrajo, Gámez-Guadix, y Calvete, 2015a; Marganski y Melander, 2018)

Para conocer los *comportamientos problemáticos* en las relaciones de pareja a través de los medios digitales es importante detallar uno a uno en las siguientes categorías de abusos:

- *El control y vigilancia.* Por medio de herramientas como el email, teléfonos móviles y funciones de geolocalización GPS, el uso de webcams, el seguimiento y participación no consentida de las redes sociales de la víctima, por ejemplo, las visitas al perfil, leer comentarios de amigos, revisar las fotos y contenidos compartidos, además de los intentos de controlar el contacto con otras personas. El envío de correos, mensajes, llamadas, la solicitud forzada o robo de las contraseñas de acceso a las cuentas de redes y dispositivos de móviles, son acciones de comprobación, control y vigilancia en contra de la intimidad, privacidad y de la libertad para vincularse con amigos. Este tipo de ciberagresiones ha sido el más estudiado y en el que suelen ser más altos los índices de participación entre adolescentes y jóvenes (p. ej., Fernet et al., 2019; Jaen-Cortés et al., 2017). En España podría estimarse que la prevalencia de estos abusos entre adultos jóvenes va desde el 75% para la perpetración y el 82% de victimización (Borrajo, et al., 2015).

■ *La hostilidad electrónica.* Incluye toda intención dirigida hacia la víctima para amenazar o insultar por medio del envío de mensajes hirientes o insultantes a sus redes sociales, puede iniciarse desde el control e incluir el robo y manipulación de las cuentas de redes sociales para su uso y robo de información de la pareja o expareja. Otras conductas en esta categoría son la humillación pública desde las cuentas de las redes sociales de la víctima o con la creación de un perfil falso.

■ *El acoso o abuso sexual.* En esta categoría se incluyen diversos comportamientos de carácter sexual como el envío no consentido de fotografías y otros contenidos digitales sexuales, el robo y uso de contenido sexual con la imagen de la víctima, incluso creadas con inteligencia artificial, con el fin de manipular, coaccionar, intimidar o humillar a la pareja; en la mayoría de casos, son mujeres las víctimas de estas agresiones. Se incluyen, además, las demandas exigidas y no consentidas de carácter sexual.

Los factores predictores asociados a las ciberviolencias de la pareja

No existen una relación precisa de factores que predigan con exactitud las ciberviolencias y las violencias *offline* de las parejas, además se presentan distintos abordajes teóricos para explicar la finalidad del uso de las violencias. Sin embargo, existen distintos factores clave que han sido probados como consistentes en diferentes estudios.

Por un lado, la experiencia de haber vivido situaciones de violencias familiares es considerada un factor de riesgo para perpetrar y/o tolerar formas de violencia en la pareja (Lewis et al., 2002). En esta misma línea, se ha encontrado que, los jóvenes que tienen amigos que ejercen violencia en el noviazgo, corren más posibilidades de usar la violencia en contra de sus parejas.

Por otro lado, las víctimas son más propensas a emplear las mismas estrategias de violencia contra sus perpetradores, como respuesta defensiva o venganza (Palmetto et al., 2013). Las mujeres que llegan a abusar de sus parejas por distintas justificaciones también tienden a recibir más violencia por parte de esta (Stith et al., 2004).

En el mundo del ciberespacio las parejas más jóvenes comúnmente realizan un intercambio de contraseñas de sus redes sociales y otros contenidos privados con la intención de ofrecerse mutuamente una supuesta expresión de confianza (Jabaloyas, 2015). Sin embargo, estas dinámicas constituyen en realidad medidas sutiles de control entre las parejas, que afectarán eventualmente a su bienestar, sobre todo con la aparición de los celos y el incremento de actos repetidos de control (Ángeles et al., 2014).

Los actos de control son agresiones en sí mismas que constituyen parte de un problema de violencia contra la pareja. En la inmersión de las dinámicas en contra de la independencia de la pareja se encuentra una justificación para ciertas actitudes, que provienen en gran parte de la asunción de los mitos del amor romántico. Los discursos que componen los mitos del amor romántico contienen un conjunto de creencias y roles sociales predominantes sobre el comportamiento y expectativas en las relaciones de pareja. Estos discursos se encuentran diseminados en los procesos de socialización desde la primera infancia y en todas las áreas de interacción (la familia, la escuela, el cine, internet, etc.). La idealización del amor romántico es como un medio necesario para la autorrealización, un escape de la soledad y una forma única de sentirse vivos (Herrera, 2009).

Los modelos de relación del amor romántico son en base el mantenimiento de vínculos no igualitarios ya que se asumen roles diferenciados y la dependencia emocional hacia la pareja; es principalmente el hombre quien marca un dominio en las decisiones y estilo de la relación (Ángeles et al., 2014). En la literatura es frecuente encontrar evidencias de la vigencia de los mitos del amor romántico (p. ej. Ferrer et al., 2010; Caro García y Monreal Gimeno, 2017), entre ellos el de la media naranja, esta idea establece que existe especialmente una persona predestinada a completar con su "mitad" la unidad del amor que promete la felicidad. La pasión eterna de las parejas es una variable que, desde los mitos, perdurará para siempre como evidencia fehaciente del amor eterno. También se liga a la idea de que al amor "lo puede todo", es esta visión omnipotente de lo que se entiende por amor y, por último, los celos son una "muestra" de que se desea perpetuar la "exclusividad" completa de la persona amada, por ello, las medidas de control son una reafirmación de un supuesto cuidado legítimo por el pacto de amor exclusivo.

El sexismo y las circunstancias que desfavorecen a las mujeres en las ciberviolencias de la pareja

Otro elemento asociado fuertemente a la ciberviolencia y a la violencia offline en la pareja consiste en esencia en la discriminación de las personas según su sexo (Rodríguez Castro et al., 2009). La discriminación es justificada por considerar que las diferencias de ser hombre o mujer son parte de la naturaleza humana por nacimiento, y se ven reflejadas en los roles y estereotipos de género al asignarse tareas y actitudes específicas según el género (García-Cueto et al., 2015).

El sexismo implica dos conjuntos de creencias relacionadas; el sexismo hostil y el sexismo benévolo. El sexismo hostil es una evaluación francamente negativa hacia las mujeres y el sexismo benévolo es la visión de una supuesta superioridad de los hombres hacia las mujeres como grupo. El sexismo ambivalente engloba a ambos constructos o creencias. El *sexismo benevolente* puede ser el más difícil de reconocer. Sus componentes centrales son (Glick y Fiske, 1996):

- El paternalismo protector; la idea de que el hombre es el más fuerte y dominador, por lo tanto, es deber de él cuidar a la mujer.
- La complementariedad; se entiende que las mujeres no tienen un valor individual pues son complementos para los hombres.
- La intimidad heterosexual; el hombre estaría incompleto sin la mujer.

El sexismo ambivalente y la creencia en los mitos del amor romántico son elementos que se complementan mutuamente, según algunos estudios (p. ej, Lameiras Fernández et al., 2007). La presencia de actitudes sexistas y las creencias del amor romántico podrían verse reflejadas cuando, por ejemplo, en las relaciones heterosexuales el varón ejerce una vigilancia del uso del móvil de la pareja y sus redes sociales, e impone normas de convivencia limitantes y de aislamiento con otras personas fuera de la relación, amenazas, prohibiciones y la exigencia del conocimiento de su actividad diaria. Las humillaciones, burlas y manipulaciones, entre ellas el reproche por situaciones pasadas. Además, se suele observar una tendencia a minimizar los actos agresivos cometidos por los hombres, negarse a hablar de los temas que a ella le preocupan, incluso culpabilizarla e ignorarla (González-Méndez y Santana, 2001).

Existe una importante cantidad de motivos por los que las mujeres víctimas de la violencia de la pareja se mantienen en estas, las cuales podemos esbozar de forma somera debido a la complejidad de estudio de cada una de estas circunstancias, pero que es importante tener en cuenta para abordar medidas de prevención en adolescentes y jóvenes:

- No ser consciente de estar en una situación grave, entre ellas las dificultades para eludir y protegerse de la violencia (De Miguel, 2015).
- Creer en las promesas del maltratador acerca de que no volverán a repetirse sus agresiones, incluso las mujeres adultas que han denunciado llegaron a retirar la denuncia creyendo estas promesas de su pareja (De Miguel, 2015).
- La creencia de que el maltratador cambiará de actitud (Albertín, 2016).
- La ruptura definitiva con la pareja agresora supone un alto coste o pérdida que produce un vacío interior teniendo en cuenta que la mujer durante un tiempo importante ha abandonado sus gustos, intereses y otros vínculos para adaptarse a su pareja (Ferrer Pérez y Bosch Fiol, 2013).
- La creencia de que perder una relación es un fracaso y que una mujer, cuando permanece sola, no puede ser feliz, entre los mitos del amor romántico (Ángeles et al., 2014).

Factores protectores de las ciberviolencias en la pareja

Los factores protectores que pueden incidir positivamente en prevenir las ciberviolencias de la pareja se comprenden en elementos sociales, familiares e individuales. Los entornos educativos pueden contribuir a reforzar la conexión entre los agentes socializadores y los recursos emocionales y cognitivos que actúan a favor de los vínculos interpersonales sanos y en los espacios libres de violencia. Es necesario articular acciones que favorezcan la autoestima, la empatía y la asertividad y estrategias de resolución de conflictos (Gámez-Guadix et al., 2018). Es necesario también integrar perspectivas y acciones grupales dentro del contexto de los estudiantes para cuestionar los modelos predominantes de las relaciones de pareja vistos en los estereotipos, los mitos del amor romántico y las creencias que legitiman el control cibernético por celos, las actitudes sexistas y otras acciones abusivas contra la pareja.

El desarrollo de un programa de intervención educativa, entre otras características, debe poseer una integración progresiva de los objetivos, a través de las actividades al nivel y contexto de los y las estudiantes. Además de contar con la participación eventual de los padres y otras instituciones especializadas en la prevención de la violencia en adolescentes.

A continuación, se presenta una secuencia de Propuestas de Actuaciones que pueden integrarse en un programa más amplio en los entornos educativos. Para una adecuada implementación es clave reconocer previamente la importancia de los objetivos generales y específicos en las actividades descritas, con el fin de facilitar un desarrollo progresivo de los mismos en un clima de confianza en grupos que ya se conozcan entre sí.

ACTIVIDAD 1: *"NUESTRA PRIVACIDAD DIGITAL ES UN DERECHO Y UNA MUESTRA DE RESPETO EN LAS PAREJAS"*

DESCRIPCIÓN	Esta es una secuencia didáctica de tres sesiones con el título sugerido como *"Nuestra privacidad digital es un derecho y una muestra de respeto en las parejas"*.

DESARROLLO

Sesión 1: *La privacidad digital, conceptos y problemáticas actuales*

1. En una presentación de diapositivas creada a partir de los recursos digitales aborda los conceptos clave, sobre lo que es la privacidad digital en general y la importancia que representa en temas de seguridad y respeto a la integridad y libertad de las personas.
2. Presenta ejemplos de la vida cotidiana y cercanos al contexto de los y las estudiantes donde la privacidad digital fue vulnerada. Se recomienda incluir ejemplos de defraudación financiera, robo de identidad, extorsión por robo de información.
3. En una discusión organizada se promueve la participación de las y los estudiantes sobre otros ejemplos de vulneración a la privacidad, así como las repercusiones y la responsabilidad de los implicados. Enfatizar que en las víctimas no puede recaer la responsabilidad de sufrir abusos de cualquier tipo.

Sesión 2: *Mi derecho a la privacidad y cuando las parejas lo sobrepasan*

1. Presenta algunos ejemplos de leyes que respaldan el derecho a la privacidad digital en relación con los casos anteriormente presentados.
2. Abre el tema de las ciberviolencias en las parejas explicando los conceptos básicos y las manifestaciones más recurrentes (los tipos de control y vigilancia).
3. Comparte hojas impresas con ejemplos de manifestaciones de ciberabusos, por ejemplo; chats donde se expresan medidas de control contra la pareja, imágenes del robo del móvil para ver contenido privado. La búsqueda de estos contenidos se realiza a criterio del facilitador o facilitadora y se recomienda emplear palabras claves en un navegador web. También puede apoyarse en los conceptos y datos de esta fuente: https://www.incibe.es/menores/blog/detecta-y-actua-frente-al-cibercontrol-entre-menores
4. Pida a los y las estudiantes que se apoyen en parejas para identificar y explicar los tipos de ciberabusos que se encuentran en las imágenes, las justificaciones de las violencias y algunas consecuencias. Dirija y retroalimente, según sea necesario.

Sesión 3: *La empatía y el respeto en las relaciones de pareja*

1. Retome los ejemplos de ciberabusos de la pareja compartidos en el grupo en la sesión anterior y comparta ejemplos de comunicación asertiva y empática que puedan ser útiles en situaciones similares a fin de solucionar o evitar un conflicto. Agregue pautas para solicitar ayuda en caso necesario.
2. Forme equipos de tres participantes, donde dos de ellos crean un juego de roles y la tercera figura es un moderador/evaluador para escenificar los ejemplos de ciberabusos en las parejas, y las posibles soluciones a través del diálogo y la empatía. Dirija y retroalimente según sea necesario.
3. Presente al grupo la plataforma IS4K: https://www.incibe.es/menores/ y explore las entradas que le sean relevantes. Invite también a los y las estudiantes a navegar en el transcurso de la semana para afianzar el interés en los objetivos del programa de actividades y considerar esta fuente para construir el proyecto integrador.

→

© narcea, s. a. de ediciones

→

ACTIVIDAD 1 (CONT.): "NUESTRA PRIVACIDAD DIGITAL ES UN DERECHO Y UNA MUESTRA DE RESPETO EN LAS PAREJAS"

OBJETIVOS

→ Reconocer que la privacidad digital es un derecho humano que se defiende y cuida entre todos.
→ Reconocer los ciberabusos en las parejas y aprender algunas medidas para prevenirlos.
→ Mostrar empatía en las relaciones y el respeto por la privacidad digital.

PARTICIPANTES

• Adolescentes de 13 a 17 años.

RECURSOS

o Dispositivos con acceso a internet.
o Plataforma IS4K: https://www.incibe.es/menores/ como fuente de información y recursos varios.
o Presentación con diapositivas.
o Soporte tecnológico para la proyección de diapositivas.
o Hojas impresas.

TEMPORALIZACIÓN

• Sesiones para realizarse en una hora cada una.

ACTIVIDAD 2: *"HACKEAR LOS CIBERABUSOS"*

DESCRIPCIÓN	A través de un proyecto integrador el grupo de estudiantes y el profesor como facilitador realizarán una campaña en contra de los ciberabusos de las parejas con perspectivas y datos clave que sensibilicen a la comunidad escolar en la importancia de prevenir las ciberviolencias en las parejas. El título sugerido para el proyecto integrador es *"Hackear los ciberabusos"*.

DESARROLLO

1. *Presentación de la actividad y los objetivos.*
   Es pertinente mencionar que se pretende abordar aproximaciones a las distintas formas y estilos de relaciones saludables, libres de control digital de la pareja y otras formas de ciberabusos. Referir que se trata de un juego de participación en equipos y que requiere el apoyo dinámico y creativos de todos.

2. *Crear los equipos* de forma libre o aleatoria.

3. *La dinámica de los desafíos.*
   Se entrega un dispositivo con internet a cada equipo y en la pizarra o tablero se colocan las tarjetas con los desafíos para que los equipos puedan resolverlos. Enseguida se presenta la lista de desafíos en este orden:

   – Investigar y presentar una estrategia o medida de privacidad de mis redes sociales y/o del dispositivo móvil.

   – Investigar y presentar una ley que proteja la privacidad de mis datos como derecho digital.

   – Investigar y presentar una lista de señales de alerta o ejemplos de ciberabuso de la pareja.

   – Crear una lista de al menos 5 de frases breves de apoyo a un amigo o amiga que hipotéticamente estuviera pasando por cibervictimización de la pareja.

   – Crear una lista de al menos 5 de frases breves en contra de las ciberviolencias en la pareja.

   – Crear una campaña en formato de infografía o video de 3 a 5 minutos que promueva la eliminación de las ciberviolencias de la pareja a partir de los recursos obtenidos con los desafíos anteriores.

4. *Presentación de las campañas.*
   Dar un espacio para que cada equipo presente los resultados de la integración de los desafíos frente al grupo.

5. *Cierre y evaluación.*
   Se resumen los objetivos alcanzados destacando los puntos centrales de los mensajes que se proyectan en cada campaña y se matiza en aquellos aspectos que requieran una revisión o mejora. Se incluye a nivel de testimonio la experiencia de cada estudiante (libre participación) con las actividades realizadas. Posteriormente, se elege un espacio público para compartir las campañas creadas, previo consentimiento de los y las estudiantes involucrados.

→

© narcea, s. a. de ediciones

→

ACTIVIDAD 2 (CONT.): "HACKEAR LOS CIBERABUSOS"

OBJETIVOS

→ Fomentar la toma de consciencia del rechazo a las ciberviolencias en las parejas y promover relaciones libres de ciberabusos.

PARTICIPANTES

• Adolescentes de 13 a 17 años.

RECURSOS

o Contar con dispositivos y acceso a internet para los y las estudiantes.
o Recomendar la plataforma IS4K como fuente confiable (https://www.incibe.es/menores/).
o Una pizarra o tablero.
o Tarjetas para describir los desafíos.

TEMPORALIZACIÓN

• Los puntos del 1 al 3 se realizan en la primera sesión de una hora.
• Los puntos 3 y 4 se presentan en una nueva sesión de una hora.

EVALUACIÓN

➤ A lo largo de las sesiones 1, 2 y 3 de la Actividad 1, se puede hacer un breve registro o recolección de evidencias de participación. Y, en la Actividad 2, la presentación y exposición del proyecto integrador de forma grupal será la evidencia principal de la aplicación de conceptos, el uso de algunos datos de investigación y la expresión de actitudes y perspectivas en favor de los vínculos interpersonales libres de control y abusos, con un adecuado uso de las tecnologías.

7

La prevención de la violencia intragénero en las relaciones de parejas adolescentes de igual género

Antonio José González-Jiménez

Lamentablemente, no existe día en que no nos despertemos con alguna noticia relacionada con violencia de género, ya sea alguna agresión física o sexual hacia la mujer o en el peor de los casos, asesinadas por sus parejas o exparejas. En menos de 72 horas en el mes de mayo de 2022 fueron asesinadas cinco mujeres en España, lo que se denominó *"Semana Negra"*. De estos actos, se ha derivado que 5 menores hayan quedado huérfanos, 309 desde el año 2013. Por otro lado y desgraciadamente, las cifras de violencia vicaria han ido aumentando en los últimos años. Además de estos tipos de violencia (de género y vicaria), existen otras manifestaciones de violencia que tal vez no tengan tanto eco y que deben ser conocidas por la sociedad. Nos referimos exactamente a la violencia intragénero, pero ¿qué entendemos por este concepto?

Qué entendemos actualmente por violencia intragénero

En primer lugar, se trata de un tipo de violencia invisibilizada que constituye un secreto a voces y que en ciertas ocasiones no se denuncia por diversos motivos, por ejemplo, que alguno de los miembros de la pareja no haya manifestado públicamente su orientación sexual o la vergüenza de denunciar este tipo de agresiones en las autoridades pertinentes, que son percibidas como machistas y con

© narcea, s. a. de ediciones

una gran connotación heteronormativa. Otro factor es el contexto en el que se produce la agresión, no es lo mismo denunciar este tipo de agresiones en zonas rurales donde la intimidad es más sensible y en las que las autoridades escasean en estas competencias en comparación con las grandes urbes.

En segundo lugar, debemos definir qué entendemos por *violencia intragénero*. Este término se refiere a la globalidad de las manifestaciones de violencia que tienen lugar en el seno de las relaciones afectivas-sexuales de los individuos del mismo sexo (Ministerio de Igualdad, 2022). Bajo estos parámetros, podemos especificar *conductas de violencia intragénero* en las siguientes:

- Violencia física.
- Violencia psicológica.
- Violencia sexual.
- Dominación y relaciones de poder.
- Control ya sea social, de amistades, económico, digital, etc.

Una definición muy ejemplificadora es la que propone Ruiz (2020) cuando especifica que la violencia intragénero es como la muñeca de las tradicionales matrioskas rusas, la más diminutas, la que vive encerrada en otras muñecas con las que comparte todo menos el tamaño. De esta definición, podemos desgranar una serie de ideas clave. Tanto la violencia de género como la violencia intragénero comparten una serie de connotaciones iguales (poder y control del maltratador sobre la victima), pero también se diferencian por una connotaciones opuestas (la violencia no se ejerce por causa del patriarcado). Algunas manifestaciones de violencia intergénero son exclusivas de las parejas de igual género (revelar que una persona es seropositiva, *outing*, es decir, amenazar o hacer público que una persona es homosexual…).

Mijika (2012) señala que la dinámica y la finalidad de la violencia de género como la intragénero es la misma, ejercer el poder por parte del maltratador y el control sobre la víctima. En cambio, Ortega (2014) no diferencia entre violencia de genero e intragénero, defiende que cualquier acto de violencia en una relación afectiva-sentimental en una pareja, es violencia de género, independientemente de la orientación e identidad sexual.

Según Lagar (2017) la prevalencia de la violencia intragénero es igual o tal vez mayor que la violencia que ocurre en las parejas heterosexuales, aunque no existan actualmente datos oficiales. Este mismo autor nos indica que las dinámicas de las parejas que sufren violencia de género y los correlatos que dan lugar a este tipo de violencia, son parecidas a las que se manifiestan en la violencia de pareja heterosexual. No obstante, sí hay una serie de factores exclusivos que se dan en la violencia intragénero como veremos a continuación.

Así pues, la violencia intergénero presenta una serie de manifestaciones conductuales que son más apropiadas del colectivo LGTBIQ y que es imposible que se reflejen en las personas heterosexuales, tales como:

- Sacar a la fuerza a una persona del "armario" lo que se denomina *outing*.
- Usar la orientación sexual de la persona para ejercer violencia psicológica.
- Violencia relacionada con seropositivo, por ejemplo, revelando si la persona es seropositiva.
- Distanciar a las personas de los contextos sociales LGTBIQ.

Cómo actuar ante una situación de violencia intragénero

La legislación sobre violencia de género en España viene amparada por la Ley Orgánica 1/2004, del 28 de diciembre cuyo objetivo es intervenir contra la violencia que se produce entre las relaciones de poder de los hombres hacia las mujeres. Por lo tanto, en esta ley no se incluye la violencia entre personas de igual género, con lo que estas personas no podrán beneficiarse de las medidas de protección, igual que las mujeres que sufren violencia de género. En este caso, la violencia intragénero es contemplada como violencia doméstica y está regulada en los artículos 153.2 y 173.2 del Código Penal.

No obstante, y basándonos en Alises (2020), recomendamos seguir estos pasos ante una situación de violencia intragénero:

- *¿Cómo se debe actuar ante una situación de este tipo o si se encuentra en una situación de peligro o emergencia?* El profesorado debe enseñar al alumnado qué organismos pueden ayudar en esta situación y cuáles son sus teléfonos de emergencias, tanto a nivel nacional como autonómico.

- *¿Qué se puede hacer si no se puede llamar y no se quiere dejar huella de la llamada a un centro de emergencia?* En este caso con la ayuda del docente, se informará al alumnado de que existe una App denominada "Alertcops" perteneciente a la Fuerzas y Cuerpos de Seguridad del Estado que se puede emplear en caso de que no se quieran realizar, por diversos motivos, llamadas telefónicas.

- *¿Qué se debe hacer si se han sufrido lesiones o se encuentra mal emocionalmente por actos de violencia intragénero?* Se recomienda acudir al centro de salud más cercano, donde prestarán ayuda. Allí deberá explicar que han sufrido una agresión por parte de la pareja y pedir al personal sanitario que este dato se refleje en el parte médico.

■ *¿Dónde se puede interponer una denuncia?* Se le explicará al alumnado que principalmente existen tres organismos públicos para poner una denuncia: Fiscalía, Guardia Civil y Policía Nacional o Local, y Juzgado de Instrucción de Guardia o de Paz.

■ *¿Cómo se presenta la denuncia?* La denuncia se puede presentar por escrito o de manera verbal, no es necesario un abogado o procurador. En el caso que se sienta miedo por la reacción del agresor, es el momento de pedir una orden de alejamiento. Si se posee un parte médico de lesiones, mensajes de WhatsApp, correo electrónico, etc., donde se reflejen las amenazas e intimidaciones, se debe acompañar copia de estas pruebas, a la denuncia. Una vez que se ha terminado de presentar la denuncia, es aconsejable tomarse el tiempo necesario antes de firmarla, ya que se debe leer de manera relajada, sin omitir ningún detalle; y, si esto ocurriera, más adelante se puede añadir toda esa información que se haya olvidado manifestar, e incluso testigos.

■ *¿Qué ocurre cuando se quiere presentar una denuncia y no se domina el español bien o se tiene una discapacidad?* En el caso que no se domine bien el idioma español, se puede solicitar una persona que actuará de traductor, y en caso de que se presente una discapacidad auditiva, se solicitará un intérprete de signos.

■ *¿Qué medidas de protección penal se pueden tomar contra el agresor?* Las principales (según el artículo 544 de la Ley de Enjuiciamiento Criminal) son las siguientes:

– Prohibición de aproximación o acercamiento.

– Expulsión del agresor o agresora del domicilio.

– Retirada de armas y de otros objetos peligrosos.

– Prisión provisional.

– Prohibición al agresor o agresora de acudir a determinados lugares.

– Prohibición de que el agresor o agresora resida en determinados lugares.

PROPUESTAS DE ACTUACIÓN

Seguidamente, presentamos las siete actividades que han sido estructuradas de la siguiente manera: descripción (se narra en qué consiste la actividad), objetivos (las metas que queremos alcanzar con dicha actividad), participantes (la edad recomendada de los participantes), agrupamiento (composición de los grupos), recursos (materiales que se necesitan y siempre intentando que sean reciclados), tiempo (distribución de este por cada etapa de la actividad), y por último, la evaluación (cómo saber si el alumnado ha alcanzado los objetivos) .

Cada Actividad va acompañada de una serie de recursos materiales que son necesarios para su desarrollo. Hemos intentado utilizar materiales reciclados que el alumnado puede encontrar en casa o en el propio centro educativo, nuestro propósito es cuidar el medio ambiente y cumplir con la Agenda 2030. Otro aspecto para señalar es que todas las actividades deben ser supervisadas y coordinadas por el tutor o tutora, o por el profesor o profesora, en todo momento, ya que estamos trabajando con temas y conceptos que son delicados, tanto para los menores de edad como para sus familias.

Se recomienda solicitar la participación de las familias. Igualmente se debe proceder con el resto de las autoridades educativas del centro educativo.

ACTIVIDAD 1	
DESCRIPCIÓN	Esta primera actividad, consistirá en la elaboración de un blog educativo sobre la violencia intragénero. La finalidad es que el alumnado sea capaz de reconocer situaciones de violencia de género y sus diversas manifestaciones.
DESARROLLO	**OBJETIVOS**
Se dividirá la clase en varios grupos de 3-4 alumnos. A cada grupo de alumnos, se le dará una serie de conceptos relacionados con la temática y tendrán que buscar su definición utilizando para ello, diccionarios online en internet.	→ Reconocer qué es violencia intragénero. → Reconocer sus principales manifestaciones conductuales y actitudinales en las relaciones de pareja de igual género.
Previamente, el docente confeccionará una lista de conceptos que deben buscar, nosotros recomendamos algunas como: identidad sexual, género, violencia intragénero, violencia de género, *outing*, violencia doméstica, seropositivo, violencia sexual... Al ser conceptos a priori difíciles de entender por el alumnado se aconseja que el docente prepare algunos ejemplos para facilitar su comprensión. Una vez encontrada la definición de cada concepto, se procederá a elaborar un blog sobre esta actividad. En internet encontramos diversos blogs que son gratuitos o podemos emplear alguno que ya exista en el centro educativo. Entre todos, se decidirá el nombre del blog.	**PARTICIPANTES** • Alumnado de 13 a 18 años. **AGRUPAMIENTOS** • Pequeño grupo: de 3-4 personas. **RECURSOS** o Diccionarios, blogs e internet. **TIEMPO** • Búsqueda de las definiciones 30 minutos. • Elaboración del blog 40 minutos.
EVALUACIÓN	
➤ Se evaluará el aprendizaje de cada concepto y la capacidad de establecer diferencias entre estos. ➤ También se evaluará la capacidad del alumnado para extraer información de páginas web de calidad, diferenciado la información de calidad de la vulgar.	

ACTIVIDAD 2

DESCRIPCIÓN	La segunda actividad consistirá en representaciones teatrales o artísticas. Se pretende que el alumnado identifique y reconozca situaciones de violencia intragénero, y aprenda a elaborar estrategias para la salida de situaciones de este tipo de violencia.

DESARROLLO

De nuevo dividiremos la clase en grupos, podemos dejar los grupos de antes, sí han funcionado bien o formar unos nuevos. Una vez tomada la decisión, el docente entregará, de forma aleatoria a cada grupo, una de las siguientes frases:

- Sacar a la fuerza a una persona del "armario" lo que se denomina *outing*.
- Usar la orientación sexual de la persona para ejercer violencia psicológica.
- Violencia relacionada con seropositivo, por ejemplo, revelando si la persona es seropositiva.
- Distanciar a las personas de los contextos sociales LGTBIQ.
- Control de las redes sociales de una persona en las relaciones sentimentales.

Una vez repartidas estas frases, los alumnos deberán representar una escena que englobe el concepto de dicha frase. Por ejemplo, pueden utilizar diferentes metodologías cooperativas, nosotros proponemos algunas que pueden motivar al alumno:

- *Realización de videos empleando la telefonía móvil.* Los alumnos escribirán una historia y posteriormente la representarán y será grabada con la utilización de un teléfono móvil. Se trata de una actividad bastante motivadora al utilizar la telefonía móvil. No se recomienda llevar a cabo escenas relacionadas con agresiones sexuales debido a la susceptibilidad y sensibilidad de las personas participantes; existen otras temáticas que poseen cabida en esta actividad.
- *Desarrollo de un tebeo.* Muchos alumnos son aficionados a la lectura de tebeo tipo Manga o de la marca "Marvel". Ahora ellos tienen la oportunidad de diseñar sus propios tebeos con sus historias originales.
- *Empleo de Stop-Motion.* Es una técnica de animación que se basa en recrear y aparentar el movimiento de una serie de objetos mediante un conjunto de imágenes sucesivas. Esta técnica suele utilizar objetos llamativos para el alumnado como juguetes o recreaciones en plastilina.

OBJETIVOS

→ Reconocer qué es violencia intragénero y sus principales manifestaciones conductuales y actitudinales en las relaciones de pareja de igual género.

→ Favorecer la prevención de la violencia intragénero, los estereotipos y la discriminación mediante el uso de la creatividad.

→ Proporcionar estrategias que permitan visibilizar situaciones de violencia intragénero y de dominio en las relaciones de pareja en adolescente.

→ Elaborar estrategias de las situaciones de violencia intragénero.

→ Resolver situaciones conflictivas mediante el uso del dialogo, razonamiento y empatía.

PARTICIPANTES

- Alumnado de 13 a 18 años.

AGRUPAMIENTOS

- Pequeño grupo: de 3-4 personas.

RECURSOS

o Teléfonos móviles, papel, lápices de colores, plastilina y juguetes.

TIEMPO

- En función de cada metodología cooperativa (Stop-Motion, desarrollo de un tebeo y realización de un video) que se escoja, emplearemos esta distribución del tiempo:
- Elaboración del guion: 45 minutos.
- Escenificación del guion: 60 minutos.

EVALUACIÓN

➤ Se valora tanto el diseño de las historias que se representen, teniendo en cuanta la estructura (presentación, nudo y desenlace).

➤ También se evaluará qué recursos, instrumentos y estrategias plantean el alumnado para resolver estos tipos de conflictos.

© narcea, s. a. de ediciones

ACTIVIDAD 3

Descripción	Con esta actividad pretendemos que el alumnado reconozca diferentes tipos de violencia y cómo actuar ante alguno de estos casos.

Desarrollo	**Objetivos**

Esta tercera actividad está relacionada con la anterior. En función de los trabajos en grupo que han realizado (Stop-Motion, desarrollo de un tebeo o realización de un video), los alumnos jugaran a ser "detectives".

En este caso, los alumnos, por grupos, analizarán cada trabajo realizado por sus compañeros y detallarán qué está pasando en las diferentes escenificaciones, qué tipo de violencia se está representando y qué deberían hacer sí perciben este tipo de actos, si los sufren o si les demandan ayuda. Nos podemos apoyar en las diferentes preguntas y pasos propuestos anteriormente (Alises, 2020). Somos conscientes de que responder a estas preguntas no es una tarea fácil por parte del alumno, por eso se recomienda la ayuda del docente, tutor o del orientador en la elaboración de las respuestas.

La finalidad es saber qué se puede hacer ante una situación de violencia de intragénero, cómo se debe actuar y cuáles son los derechos de la persona.

Una vez se haya respondido a las preguntas, con la ayuda de los docentes oportunos, los alumnos pueden confeccionar en una cartulina o en papel continuo, los pasos que hay que seguir cuando sufrimos violencia intragénero.

Otra opción, es hacerlo mediante el empleo de un programa informático de diseño, en el caso que opten por esta opción, posteriormente pueden exponerlo en la web del centro educativo.

Objetivos

→ Reconocer qué es violencia intragénero y sus principales manifestaciones conductuales y actitudinales en las relaciones de pareja de igual género.

→ Favorecer la prevención de la violencia intragénero, los estereotipos y la discriminación mediante el uso de la creatividad.

→ Proporcionar estrategias que permitan visibilizar situaciones de violencia intragénero y de dominio en las relaciones de pareja en adolescente.

→ Elaborar estrategias de promoción y salida de las situaciones de violencia intragénero.

→ Resolver situaciones conflictivas mediante el uso del dialogo, razonamiento y empatía.

Participantes

• Alumnado de 13 a 18 años.

Agrupamientos

• Pequeño grupo: de 3-4 personas.

Tiempo

• Análisis de las diversas escenificaciones: 30 minutos, puede aumentar en función de las edades.
• Identificación de los diversos tipos de violencia: 30 minutos
• Saber cómo actuar antes estas situaciones representadas: 45 minutos.

Evaluación

➤ Se evaluará la capacidad de alumnado de reconocer los diferentes tipos de violencia, así como la adquisición de las diferentes estrategias e instrumentos de actuación ante estos actos.

ACTIVIDAD 4

DESCRIPCIÓN	Con esta actividad se pretende identificar los mensajes que emite la sociedad sobre el colectivo LGTBIQ y sobre la violencia intragénero.

DESARROLLO

1. Al comenzar la actividad se divide al grupo de alumnos en cuatro subgrupos. Una vez dividido, se pide un voluntario por cada grupo. A cada voluntario, se le asignara un rol determinado: chico homosexual, chica lesbiana, chico transexual y chica transexual. Cada voluntario elegido; con su rol asignado, se coloca en un cuadrado dibujado en el suelo y el resto del grupo, se pone a su alrededor.

2. Posteriormente, a cada miembro del grupo, le damos una pegatina etiqueta donde tendrán que escribir mensajes emitidos por la sociedad sobre la opinión sobre cada colectivo y relacionado con la violencia intergénero. Por ejemplo, *"los homosexuales son débiles"*, *"las chicas lesbianas son sumisas y tranquilas y no sufren de violencia intragénero"*, *"la violencia intragénero es cosa de los heterosexuales"*, *"los homosexuales no sufren violencia intragénero ya que son hombres, son fuertes y pueden defenderse físicamente"*...

3. Una vez que se han redactado los mensajes en estas pegatinas o folios con algún tipo de pegamento, se ponen sobre el cuerpo del voluntario. Se intentará que se abarque todo el cuerpo. Finalizada esta parte, los alumnos giraran de izquierda a derecha del voluntario e irán leyendo de manera conjunta y en voz alta, las anotaciones que se han puesto sobre el cuerpo de voluntario, hasta que se lean todas.

4. Cuando se han leído todos los mensajes, se pide a los voluntarios que se pongan alrededor de la mesa del profesor y vayan comentando cómo se sintieron Y se les lee cada uno de los mensajes que se les ha asignado. El resto de los alumnos pueden opinar y debatir.

OBJETIVOS

→ Identificar los mensajes emitidos sobre la sociedad respecto a la violencia intragénero en el colectivo LGTBIQ

→ Determinar el impacto de estos mensajes emitidos por la sociedad en el desarrollo de las vidas del colectivo LGTBIQ.

PARTICIPANTES

• Alumnado de 13 a 18 años.

AGRUPAMIENTOS

• Pequeño grupo: de 3-4 personas.

RECURSOS

o Libretas, pegamentos, pegativas, lápices y rotuladores.

TIEMPO

• Escritura de los mensajes 30 minutos.
• Lectura de los mensajes: 20.
• Expresión de las emociones y sentimientos de cómo se sintieron: 20 minutos.

EVALUACIÓN

➢ Se evaluará la implicación de los alumnos en la actividad, así como su capacidad de empatía.

➢ También se tendrá en cuenta la capacidad del alumnado de identificar los problemas de los grupos mencionados en esta actividad.

ACTIVIDAD 5

DESCRIPCIÓN	Se pretende que el alumno identifique situaciones de violencia intergénero, desarrolle su capacidad de prevención de estas conductas y elabore estrategias de salida antes estos actos de violencia.

DESARROLLO

La actividad se centra en la realización de un anuncio publicitario de concienciación sobre la violencia intragénero.

1. En primer lugar, se puede dividir el grupo en varios subgrupos y se explica al alumnado que han sido contratados por una prestigiosa cadena de televisión para la elaboración de un anuncio publicitario que llevará por nombre *"La Violencia Intragénero: Una realidad silenciada"*.

2. En segundo lugar, cada grupo elaborará una lluvia de ideas sobre cómo pueden concienciar a la sociedad sobre la existencia de la violencia intragénero, y en tercer y último lugar, con la ayuda del profesor se pueden preparar una dramatización u otra técnica grupal oportuna, que serán grabadas por un móvil.

3. Se recomienda que se redacte un guion sobre la escenificación.

Es una actividad que motiva mucho al alumnado ya que redactan un guion que debe ceñirse a los objetivos de la campaña publicitaria, se reparten roles en la actividad como directores de grabación, posproducción en la elaboración del video, actores, vestuario, etc.

OBJETIVOS

→ Reconocer qué es violencia intragénero y sus principales manifestaciones conductuales y actitudinales en las relaciones de pareja de igual género.

→ Favorecer la prevención de la violencia intragénero, los estereotipos y la discriminación mediante el uso de la creatividad.

→ Proporcionar estrategias que permitan visibilizar situaciones de violencia intragénero y de dominio en las relaciones de pareja en adolescente.

→ Elaborar estrategias de salida de las situaciones de violencia intragénero.

PARTICIPANTES

• Alumnado de 13 a 18 años.

AGRUPAMIENTOS

• Pequeño grupo: de 5-6 personas.

RECURSOS

o Libretas, lápices, rotuladores y teléfonos móviles.

TIEMPO

• Redacción del guion: 30 minutos.
• Escenificación y grabación: 30 minutos .

EVALUACIÓN

La evaluación se centrará en la capacidad del alumnado de representar, denunciar y concienciar sobre la violencia intragénero, tanto en el guion como en la escenificación del anuncio publicitario.

ACTIVIDAD 6

DESCRIPCIÓN	Se persigue que el alumnado sea capaz de identificar y prevenir situaciones de violencia intragénero.

DESARROLLO	OBJETIVOS

DESARROLLO

Esta actividad consiste en clasificar una serie de frases que ha escrito el docente en una columna, según sea percibida por el alumno como violencia intragénero o no. A continuación, describimos la actividad de manera más detallada.

El docente redactará en unas cartulinas o folios conductas y actitudes que pueden estar relacionadas con la violencia intragénero. Por ejemplo, frases como: *"Mateo quería decirle a los compañeros de trabajo de su pareja que es homoseuxal"*, *"María siempre está mirando las redes de sus pareja, Eva"*, *"Robert vigila a dónde va su pareja y qué hace cuando está en la calle"*, *"Daniel impide a su pareja que asista a lugares LGTBIQ"*, *"valorar a mi pareja con palabras y acciones"*, *"resolver los problemas con el poder la palabra"*, *"como soy yo el que pago con mi trabajo la comida y el alquiler, mi pareja debe estar siempre disponible para lo yo quiera"*....

Una vez redactadas las diferentes expresiones, el docente dividirá la pizarra en dos columnas, cada columna representará que es violencia y que no es violencia intragénero.

A continuación, se les pedirá a los alumnos que coloquen los folios con las frases en la columna de la pizarra, en función de si se trata o no de violencia de género.

Para finalizar, se hará una puesta en común para debatir y llegar a conclusiones, con la ayuda del profesor, sobre qué es violencia intragénero y qué no lo es.

OBJETIVOS

→ Reconocer qué es violencia intragénero y sus principales manifestaciones conductuales y actitudinales en las relaciones de pareja de igual género.

→ Favorecer la prevención de la violencia intragénero, los estereotipos y la discriminación mediante el uso de la creatividad.

→ Proporcionar estrategias que permitan visibilizar situaciones de violencia intragénero y de dominio en las relaciones de pareja en adolescentes.

PARTICIPANTES

• Alumnado de 13 a 18 años.

AGRUPAMIENTOS

• Pequeño grupo: de 3-4 personas.

RECURSOS

o Pizarra, cartulinas, lápices y rotuladores.

TIEMPO

• Identificación de las frases sobre violencia intragénero: 30 minutos.
• Puesta en común: 30 minutos.

EVALUACIÓN

➤ Se tendrán en cuenta el número de aciertos y errores de cada grupo.
➤ Se evaluará también su participación en la puesta en común.

ACTIVIDAD 7

DESCRIPCIÓN	Se persigue que el alumnado sea capaz de discernir situaciones de violencia de genero de otras conductas, basándose en argumentos sólidos.

DESARROLLO	**OBJETIVOS**

DESARROLLO

En esta actividad, hemos redactado una serie de situaciones conflictivas para que los alumnos determinen si, efectivamente, se trata o no de violencia intragénero. La actividad se desarrolla de la siguiente manera.

El docente dividirá la clase en dos partes mediante una línea que dibujará en el suelo. Posteriormente, pedirá a los alumnos que se sitúen a lo largo y ancho del aula. A continuación, leerá una situación conflictiva y los alumnos deberán decidir, si se trata o no de un episodio de violencia intragénerointragénero. En el caso que el alumno defienda la idea de que es una situación de violencia intragénero, se situará a la izquierda de la clase y en caso contrario, a la derecha. Si algún alumno, presentará duda y no sabe posicionarse, debe situarse sobre la línea pintada en el suelo por el docente. Seguidamente, preguntará cuáles son las razones por las que defienden ambas posturas.

Posteriormente, se intentará buscar soluciones a esos conflictos presentados basados en el poder de la palabra, la empatía y la resolución de problemas, de manera pacífica y con el don de la palabra. Algunos de los conflictos que se pueden emplear son los siguientes:

Situación 1.

Dylan acaba de romper con su chico, Eduardo, y se encuentra bastante mal. No entiende por qué Eduardo, lo ha dejado y no quiere saber nada de él. Eduardo es un chico homosexual, pero en su vida laboral y familiar no manifiesta su orientación sexual. Dylan ha decidido comentarles a los compañeros de trabajo de Eduardo y a su familia, lo mal que se encuentra tras la ruptura de la relación.

Situación 2.

Estefanía es una chica lesbiana con estudios universitarios y muy cualificada profesionalmente. Trabaja en una empresa de energía eólica y posee una relación cordial con las personas de la empresa. Sus compañeros cuando hablan sobre ella, con otras personas de otras esferas laborales, siempre alaban lo trabajadora y buena profesional que es, pero siempre terminan comentando que es lesbiana.

Situación 3.

Juan trabaja en la administración y su función principal es recibir las denuncias que se produce por violencia de género. Él piensa que la violencia es algo que exclusivamente se da entre hombres y mujeres, ya que en el resto de las relaciones de parejas es más complicado. Parte de la idea que las mujeres son sumisas y dialogantes, por lo tanto, es imposible que se produzcan este tipo de sucesos, o en el caso de los hombres, ya que son fuertes y como hombres, saben defenderse.

OBJETIVOS

→ Reconocer qué es violencia intragénero y sus principales manifestaciones conductuales y actitudinales en las relaciones de pareja de igual género.

→ Favorecer la prevención de la violencia intragénero, los estereotipos y la discriminación mediante el uso de la creatividad.

→ Proporcionar estrategias que permitan visibilizar situaciones de violencia intragénero y de dominio en las relaciones de pareja en adolescente.

→ Elaborar estrategias de promoción y salida de las situaciones de violencia intragénero.

→ Resolver situaciones conflictivas mediante el uso del dialogo, razonamiento y empatía.

PARTICIPANTES

• Alumnado de 13 a 18 años.

AGRUPAMIENTOS

• Pequeño grupo: de 5-6 personas.

RECURSOS

○ Cartulinas, libretas, lápices y rotuladores.

TIEMPO

• Identificación de situaciones de violencia intragénero: 30 minutos
• Redacción de las razones para argumentas qué situaciones son violencia intragénero: 30 minutos.

EVALUACIÓN

➤ Se centra en la capacidad del alumno de identificar y argumentar qué situaciones son violencia intragénero.

Para saber más

- Cedeño Astudillo, L.F. (2019). La estigmatización: una forma normalizada de la violencia intragénero. *Revista Universidad y Sociedad, 11*(4), 77-85.
- Vela, J.A. (2022). Otras vivencias de lgtbfobia: La violencia intragénero. *Revista de Estudios de Juventud*, (125), 197-208.
- Redondo-Pacheco, J., Rey-García, P.A., Ibarra-Mojica, A.N., & Luzardo-Briceño, M. (2021). Violencia intragénero entre parejas homosexuales en universitarios de Bucaramanga, Colombia. *Universidad y Salud, 23*(3), 217-227.
- Carratalá, A. (2016). La información en prensa española sobre casos de violencia en parejas del mismo sexo. *Revista Latina de Comunicación Social*, (71), 40-65.
- Alanez, D., & Jarro, A. (2022). Relaciones de poder y violencia intragénero en parejas lesbianas: ¿Quién es el hombre de la relación? *Journal de Comunicación Social, 14*(14), 79-104.

8

Factores étnico-culturales asociados a la violencia en la pareja adolescente

Rachida Dalouh Ounia

La violencia en las relaciones y en el noviazgo es un problema relevante entre los adolescentes y los adultos jóvenes y estas relaciones incluyen una serie de comportamientos violentos, desde el abuso verbal hasta la agresión física y sexual, y las amenazas de violación y asesinato (Edwards et al., 2023, Debnam et al., 2017). Es fundamental generar programas con estrategias de prevención que sean útiles para generar una comprensión objetiva de lo que es la violencia y el contexto en que se suscita (Sarabia, 2018).

A la luz de la investigación sobre la violencia en el noviazgo adolescente, la perpetración y la victimización están relacionadas con factores de distinta índole: personales, familiares, interpersonales, contextuales, etc. Márquez (2013) clasifica los *factores protectores para la prevención de la violencia en el noviazgo* en cuatro grupos principales:

1. *Individual*: incluye reforzamiento de la autoestima, fortalecer valores importantes como el respeto, la tolerancia, resolución pasiva de conflictos de pareja, proyecto de vida, destrezas de comunicación asertiva y capacidad de discernimiento.

2. *Familiar:* capacidad de solventar pasivamente conflictos en el núcleo familiar, soporte familiar, dinámica familiar positiva, mantener estilos y hábitos de vida sanos, fortalecimiento de confianza e involucramiento de los padres.

3. *Social:* rodearse de patrones sociales efectivos y solidarios, apoyo en redes sociales que ayuden y orienten a las víctimas, informarse sobre

leyes nacionales contra la violencia en el noviazgo, recurrir a espacios para realizar deporte y meditación.

4. *Escolar*: reforzar valores inculcados en el hogar, fortalecer espacios de guías, información y cómo ser soporte en casos de violencia en las relaciones sentimentales, apoyo psicológico por parte de maestros y personal docente.

Entre los factores de protección más importantes y destacados están los factores interpersonales tales como mantener una autoestima y empatía elevada, así como incrementar la capacidad de resolución de problemas y las habilidades comunicativas (Courtain et al., 2021; Espelage et al., 2020; Rubio et al., 2015). De igual manera, el involucramiento de los padres es un factor protector de suma importancia; los padres deben ser conscientes de los problemas asociados con las relaciones de pareja entre adolescentes y mantenerse en alerta ante posibles señales de advertencia (Dalouh y Soriano, 2020).

Programas de prevención en contextos con diversidad cultural

La prevención y reducción de la violencia en el noviazgo entre jóvenes se ha convertido en una cuestión preocupante a nivel internacional. En este sentido, la intervención educativa es adecuada para reducir la justificación de la violencia en el noviazgo entre los y las adolescentes. Del mismo modo, es necesario evaluar la eficacia de las intervenciones educativas, basadas en habilidades diseñadas para prevenir la violencia en las relaciones y en el noviazgo en adolescentes y adultos jóvenes (Martín-Salvador et al., 2021), puesto que pueden proporcionar a los adolescentes las habilidades y los recursos necesarios para enfrentar y resolver conflictos en las relaciones de una manera no violenta (Galdo-Castiñeiras et al., 2023). En España son múltiples los programas que se han desarrollado para hacer frente a la violencia en noviazgo adolescente (Fernández-Gutiérrez y Vizoso-Gómez, 2023; Fernández et al., 2020; Muñoz-Rivas et al., 2015; Pérez-Marco et al., 2020; Velasco et al., 2022).

Teniendo en cuenta la densidad de los contextos, los programas de prevención de violencia en parejas adolescentes (VPA) tienen que ser culturalmente adaptados y deben incluir aspectos positivos de las culturas de origen de los adolescentes pertenecientes a minorías étnicas. Según Ooms y Wilson (2004): "Los adolescentes mayores y los adultos jóvenes de las escuelas secundarias y los colegios comunitarios son otra audiencia clave para los programas de educación sobre relaciones" (p. 445).

En la Figura 8.1 se destacan los factores culturales y étnicos que pueden influir en la violencia en parejas adolescentes de diversas culturas en centros de secundaria.

FIGURA 8.1. *Factores culturales y étnicos que pueden influir en la violencia en parejas adolescentes*

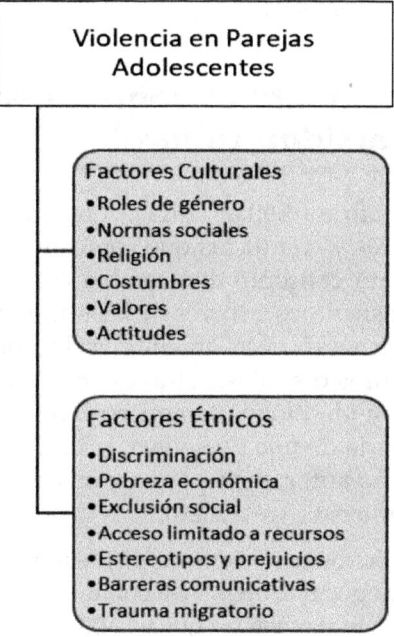

Entre los aspectos más importantes que deben incluir estos programas están:

- Promover programas específicos para involucrar a padres y adolescentes en conversaciones sobre relaciones saludables.
- Fomentar el diálogo con el/la adolescente y la escucha atenta de sus opiniones, como un valioso factor de protección; esto puede lograrse a través del diálogo atento y comprometido entre padres e hijos.
- Favorecer los programas enfocados en promover la equidad de género.
- Desarrollar intervenciones de VPA en la escuela para adolescentes de orígenes étnicos diversos enfocadas a promover el orgullo étnico.
- Promocionar los programas que promueven la tolerancia intercultural y el desarrollo de identidades étnicas positivas.
- Impulsar estudios transculturales que puedan ayudar a entender mejor las características y particularidades de la VPA.

La violencia en noviazgo es un problema serio que requiere la atención y acción de la sociedad en su conjunto; que conlleva abordar este problema de manera integral y culturalmente sensible, educando a los adolescentes y desafiando los estereotipos culturales y de género que contribuyen a la violencia. De hecho, la expresión de las diferencias culturales en la violencia en parejas adolescentes incluye los valores culturales, los roles de género, las normas familiares y los factores socioeconómicos.

Conceptos fundamentales sobre interculturalidad: identidad y diversidad cultural

La *cultura*, tal y como afirma Belkat (2021), constituye un conjunto de creencias, valores, costumbres y conductas que conforman a los miembros de una sociedad. Se trata de un concepto que cambia constantemente, pues somos nosotros los que la construimos a través de las relaciones con los demás. Estas relaciones se producen tanto entre miembros de una misma cultura, como entre personas de culturas distintas. A través de estas relaciones, el individuo comienza a construir su identidad, un concepto considerado elemento básico en el desarrollo de la vida de una persona o de un colectivo (Ares, 2020). Tal y como afirma este mismo autor, es importante en este proceso distinguir entre lo personal y lo comunitario (Ares, 2020):

> Una incipiente aproximación sería la distinción entre identidad personal y social. La primera podría entenderse como la concepción o percepción que una persona tiene de sí misma, y que de alguna manera le hace ser quien es. Por su parte, la identidad social podría entenderse como el sentido de identificación y de su pertenencia a un grupo, como diferenciado de otros (p. 54).

Tanto el concepto de cultura como el de identidad, son dos elementos intrínsecos a la existencia humana. Por ello, una vez definidos, conviene analizarlos en el contexto de la sociedad en la que vivimos: un mundo globalizado. Por otra parte, la diversidad cultural es una constante más visible en la sociedad actual debido al continuo flujo de personas entre países (Llorent y Álamo, 2019). Es difícil encontrar actualmente sociedades en las que solo exista una cultura. Para que la convivencia entre estas culturas sea adecuada, debe fundamentarse en el respeto y en la igualdad social.

También el criterio indica la necesidad de habilidades de análisis, negociación y resolución de conflictos, poniendo énfasis no tanto en "ganar" los conflictos, sino —por medio del aspecto estratégico de la resolución— en lograr un mayor conocimiento de los problemas que enfrenta la comunidad, en saber cómo se puede negociar y establecer, entre los alumnos, un fortalecimiento comunitario y organizativo, es decir, una mayor habilidad de trabajar conjuntamente para buscar resoluciones constructivas y positivas.

Prevalencia e impacto de la violencia en el noviazgo

En cuanto a las tasas de prevalencia de violencia en el noviazgo adolescentes se concluyen que aproximadamente uno de cada ocho estudiantes de secundaria de EEUU, en los grados 9 a 12, informa haber experimentado violencia en el noviazgo entre adolescentes (TDV, por sus siglas en inglés) en forma de violencia física, sexual o psicológica en el último año, en persona, en los terrenos escolares y en línea (Emezue et al., 2022).

Wolfe et al. (2003) también evaluaron un programa de prevención "La Cuarta R" creado para su aplicación en el entorno escolar, que tiene como objetivo la prevención de la violencia contra la pareja en la adolescencia y conductas de riesgo relacionadas. El programa incluyó 21 temas curriculares, implementado por profesores que recibían una formación especializada, que trataba de promover las relaciones saludables, y cuyo principal objetivo era la violencia, el comportamiento sexual de alto riesgo y el uso de sustancias entre los adolescentes. El Programa La Cuarta R se evaluó en 20 escuelas mediante un diseño con asignación aleatoria a la condición experimental o control. El programa fue eficaz para la inclusión de contenidos curriculares sobre relaciones sociales saludables, así como habilidades para evitar situaciones de violencia física en las relaciones de pareja entre adolescentes.

En cuanto a las investigaciones realizadas en España, destaca el estudio realizado por Díaz-Aguado y Carvajal (2011). Encontramos que el 13% de los chicos reconoce haber ejercido o intentado situaciones de maltrato, y que el 9,2% de las chicas ha sufrido en alguna ocasión maltrato físico o psicológico por alguna de sus parejas. Por otra parte, atendiendo a la teoría del control social se ha constatado que las familias que educan a sus hijos en creencias religiosas y en la adquisición de compromisos, logran que estos jóvenes incrementen su vínculo social al aumentar la aceptación de las normas socialmente establecidas, por lo que la religión se convertiría en un protector contra las conductas violentas y socialmente condenadas (Mitchell, 2019). Un estudio con 6.621 jóvenes españoles de entre 15 y 26 años resaltó que los estudiantes que practicaban una religión declaraban menos violencia con su pareja, desde el 3,76% y 74%, frente a los estudiantes que no eran creyentes, quienes manifestaban una prevalencia entre el 4,11% y el 83% (Fernández et al., 2015). Estos mismos datos son usados por un estudio que afirma que, jóvenes menos creyentes sufren las distintas formas de violencia de pareja en distintas proporciones.

En el estudio realizado por McGuire et al. (2021), las respuestas disciplinarias a las violaciones funcionaron mejor en un ambiente escolar positivo y de apoyo en lugar de respuestas que enfatizaron la seguridad o el castigo, es decir, el apoyo familiar se asoció con una disminución de las probabilidades de involucrarse en delincuencia general, agresiones físicas, delincuencia contra la propiedad y uso de sustancias. De igual modo, la perpetración de violencia en el noviazgo, el apoyo familiar se asoció significativamente con una disminución de las probabilidades de perpetración de violencia psicológica en el noviazgo (Cuevas et al., 2021).

Se evidencian los beneficios de participación en los programas de prevención, en comparación con los jóvenes que no lo hacen, teniendo de esta manera, más probabilidades de pasar a clases de violencia menos graves con el tiempo (Edwards et al. 2023). Por ello, abordar los efectos nocivos de la discriminación percibida y aprovechar los efectos protectores de la afirmación de la identidad étnica pueden ser estrategias prometedoras de prevención de la violencia en noviazgo para los jóvenes.

La violencia en el noviazgo adolescente se puede prevenir, pero una prevención exitosa requiere una comprensión de las características del perpetrador. Aunque, los primeros programas de prevención se iniciaron en Estados Unidos (Foshee y Langwick, 1994), posteriormente se extendieron rápidamente por todo el mundo, por lo que surgió una mayor consideración en esta cuestión (Hamby et al., 2012). A pesar de la investigación, sobre la perpetración de la violencia en noviazgo adolescente ha aumentado en los últimos años, se sabe poco sobre la perpetración a través de las identidades sexuales, raciales/ étnicas y de género (Espelage, et al., 2022). Los esfuerzos de prevención en la adolescencia a menudo se dirigen a audiencias jóvenes que abarcan primaria, secundaria y experiencias de prevención terciaria.

Además, los hallazgos de Reyes et al. (2016) sugieren que los programas de prevención de la violencia en el noviazgo basados en la familia para jóvenes latinos deberían buscar fomentar la cohesión familiar y disminuir los conflictos familiares, incluidos los conflictos basados en la aculturación. De hecho, un programa de prevención eficaz puede impactar de manera diferente a los jóvenes con patrones variados de coexistencia a lo largo del tiempo.

Revisiones en España muestran que estar expuestos a conflictos entre padres de familia puede ser un factor de riesgo en la violencia en el noviazgo; así mismo, factores de desapego como la falta de apoyo y de respeto, insultos, criticas, bajo autoestima, falta de control de emociones, falta de afectividad, celos (Rubio et al., 2015). En cambio, las influencias familiares (participación de los padres), en las elecciones y prácticas sexuales de los adolescentes que viven en comunidades conservadoras pueden verse influenciadas, positiva o negativamente, por las normas contextuales y sociales predominantes. Estas normas no solo limitan el acceso a información y servicios de salud reproductiva, sino que también conducen a la abstinencia entre los adolescentes devotos.

El estudio realizado por Emezue et al. (2022), constata el doble papel que desempeñan la religión, los consejeros escolares, los pares mentores y la cohesión social en la promoción o prevención de la violencia en el noviazgo. En general, encontraron tensiones dialécticas en las percepciones de riesgo de los jóvenes rurales sobre la violencia en el noviazgo. Estos hallazgos tienen implicaciones para los defensores y profesionales que trabajan con jóvenes rurales en la planificación de programas de prevención de VNA culturales y de desarrollo apropiados, ofreciendo información relevante para políticas e investigaciones.

Respecto a la religión, los resultados de investigaciones ya realizadas sugieren que la religiosidad puede conllevar a prácticas de violencia en noviazgo, siempre y cuando la religión a la que afirma pertenecer el hombre tenga actitudes patriarcales extremas arraigadas, con las que se pone a la mujer en un puesto más sumiso. Del mismo modo, estas percepciones contrastan con otros estudios en los que la religiosidad puede llegar a ser un factor protector para las mujeres en relaciones de noviazgo. Además, los hombres con prácticas religiosas frecuentes tienden a valorar la dignidad de la mujer y a rechazar la idea de que es aceptable la violencia física contra ella y, por tanto, a involucrarse en prácticas de violencia con sus parejas íntimas (DeRose, 2012).

PROPUESTAS DE ACTUACIÓN

El plan de intervención que se contempla a continuación se basa en cinco actividades de prevención de la violencia en el noviazgo adolescente, de los cuales cuatro tienen como destinatarios a estudiantes de Educación Secundaria, con una edad aproximada de 12-19 años. De igual modo, y partiendo de la idea de que fomentar la participación e implicación de las madres y de los padres en la prevención de la violencia en parejas adolescentes es esencial, se realiza una actividad dirigida a adolescentes y a padres, con el objetivo de dinamizar el efecto protector del apoyo parental y de la comunicación saludable entre padres e hijos.

Las sesiones se llevarán a cabo por los tutores con el asesoramiento del Departamento de Orientación. Con la ejecución de las actividades se podrán generar estrategias de cambio con relación a la violencia y se podrá prevenir la misma. También se podrán identificar factores de riesgo que pueden estar presentes en las próximas relaciones de noviazgo para que no sean víctimas de violencia y formar habilidades, nuevos conocimientos y actitudes que permitan construir una relación de pareja sana desde una perspectiva transcultural.

Para introducir el tema de violencia en parejas adolescentes, consideramos necesario que para la primera sesión los participantes conozcan algunos conceptos importantes sobre la definición de la VNA, identificación de los tipos de violencia, factores de riesgo y de protección asociados a la violencia en noviazgo adolescente, que les ayudarán a llevar a cabo el resto de las sesiones. Así, en primer lugar, el docente impartirá una lección magistral en la que a través de una presentación explicará los distintos conceptos.

ACTIVIDAD 1	
DESCRIPCIÓN	Con esta actividad se pretende prevenir la violencia en parejas adolescentes desde una perspectiva religiosa y no religiosa para fortalecer los valores y los vínculos sociales.
DESARROLLO	

El propósito de esta actividad es desarrollar dos sesiones para prevenir la violencia en el noviazgo desde la perspectiva religiosa y no religiosa.

Sesión 1:

– *Reflexión sobre los valores religiosos*: Se comienza la sesión con una actividad de reflexión en la que los participantes compartan cuáles son los valores religiosos que consideran importantes en una relación de noviazgo. Pueden incluir la honestidad, el respeto, la compasión y el amor al prójimo.

– *Análisis de textos religiosos*: Se invita a los participantes a analizar textos religiosos (ver Anexo 1) relevantes que promuevan el amor, el respeto y la igualdad en las relaciones de pareja. Se pide a los adolescentes que compartan sus interpretaciones personales sobre cómo estos textos pueden ayudar a prevenir la violencia en las relaciones adolescentes.

– *Role playing*: Se divide a los participantes en grupos y asigna diferentes escenarios en los que se presenten situaciones de conflicto o violencia en parejas adolescentes (Anexo 2). Se pide a cada grupo que represente una solución pacífica y respetuosa basada en los principios religiosos discutidos anteriormente. Además, de animarlos a ofrecer sugerencias y retroalimentación constructiva.

– *Juego de preguntas y respuestas*: Se crea un juego de preguntas y respuestas basado en los principios religiosos discutidos y en cómo se aplican a prevenir la violencia en las relaciones adolescentes. Puedes hacer preguntas como *"¿Qué dice tu religión sobre la igualdad de género en las relaciones de pareja?"*, *"¿Cómo promoverías el respeto mutuo en una relación adolescente basada en principios religiosos?"*, *"¿Cuál es la postura de la religión en cuanto a la violencia en el noviazgo?"*, *"¿Existen normas o enseñanzas religiosas que promuevan o condenen la violencia en el noviazgo?"*, *"¿Qué papel juegan los textos sagrados o las escrituras religiosas en la enseñanza y orientación sobre la violencia en el noviazgo?"*...

Se recuerda que se deben adaptar estas actividades a las necesidades y creencias religiosas específicas de los participantes. Además, es importante fomentar un espacio seguro y respetuoso para que los adolescentes se sientan cómodos compartiendo sus opiniones y experiencias.

→

→

ACTIVIDAD 1 *(CONT.)*
DESARROLLO

Sesión 2. Esta sesión incluye actividades para prevenir la violencia en el noviazgo desde la perspectiva no religiosa:

– *Definición de relaciones saludables*: Comienza la sesión con una actividad en la que los participantes definan lo que significa para ellos una relación de noviazgo saludable. Pueden discutir aspectos como la comunicación abierta, el respeto mutuo, la igualdad de género y la ausencia de violencia física o emocional.

– *Análisis de los roles de género*: Se fomenta la discusión sobre los estereotipos de género y cómo pueden influir en las relaciones de pareja. Los participantes pueden reflexionar sobre si estas expectativas de género afectan a la forma en que se relacionan, y se buscan formas de desafiar estos roles y promover la igualdad.

– *Juegos de roles*: Organiza actividades en las que los participantes interpreten situaciones de conflicto en el noviazgo y busquen formas pacíficas y respetuosas de resolverlos. Esto les permitirá practicar habilidades de comunicación asertiva y resolución de conflictos.

– *Juego de preguntas y respuestas*: Crea un juego de preguntas y respuestas para prevenir la violencia en parejas adolescentes como:

• *¿Qué es la violencia en parejas adolescentes?*

   a) El maltrato físico entre dos personas adolescentes en una relación.

   b) El uso de insultos y humillaciones en una relación de pareja adolescente.

   c) Todas las respuestas anteriores son correctas.

• *¿Cuáles pueden ser señales de violencia en una relación de pareja adolescente?*

   a) Control excesivo de la otra persona

   b) Celos y posesividad

   c) Ambas respuestas anteriores son correctas.

• *¿Por qué es importante no tolerar la violencia en una relación de pareja?*

   a) Puede llevar a consecuencias físicas y emocionales graves

   b) Fomenta un ambiente de desigualdad y falta de respeto

   c) Ambas respuestas anteriores son correctas.

• *¿Cómo se puede prevenir la violencia en una relación de pareja adolescente?*

   a) Promoviendo una comunicación abierta y respetuosa

   b) Fomentando el respeto mutuo y la igualdad en la relación

   c) Ambas respuestas anteriores son correctas.

• *¿Cuál es el papel de los amigos y la familia en la prevención de la violencia en parejas adolescentes?*

   a) Pueden brindarle apoyo emocional a la víctima

   b) Pueden influir en la toma de decisiones de la pareja adolescente

   c) Ambas respuestas anteriores son correctas.

→

→

ACTIVIDAD 1 *(CONT.)*

ANEXO 1

Sesión 3. Esta sesión incluye actividades para prevenir la violencia en el noviazgo desde la perspectiva de las convicciones religiosas de los jóvenes. Para realizar la actividad, se comentan con los jóvenes estos "Casos" u otros que ellos mismos pueden presentar. Con el fin de tener algunos datos sobre las características de algunas religiones de las que ellos y ellas pueden formar parte —por tradición familiar o por su propia decisión— incluimos alguna explicación, muy básica, sobre las mismas.

➤ RELIGIÓN CRISTIANA

1. "Maridos, amad a vuestras mujeres, así como Cristo amó a la iglesia y se entregó a sí mismo por ella" (Efesios 5:25).
2. "Maridos, también vosotros, vivid con ellas sabiamente, dando honor a la mujer como a vaso más frágil, y como a coherederas de la gracia de la vida, para que vuestras oraciones no tengan estorbo" (1 Pedro 3:7).
3. "Nadie odia jamás a su propio cuerpo, sino que lo alimenta y cuida, así como Cristo hace con la iglesia" (Efesios 5:29).
4. "Porque el varón no es sin la mujer, ni la mujer sin el varón en el Señor" (1 Corintios 11:11).
5. "El que golpea a su padre o a su madre es un hijo que causa vergüenza y desgracia" (Proverbios 19:26).
6. "La violencia cruel nunca te dará éxito" (Proverbios 21:7).
7. "El que maltrata a su esposa rechaza su propia vida; el que lo hace es un necio e irresponsable" (Proverbios 18:22).

➤ RELIGIÓN MUSULMANA

1. "Y entre sus signos está el haber creado para vosotros esposas de entre vosotros para que conviváis con ellas, y ha puesto entre vosotros amor y misericordia. Ciertamente, en esto hay signos para la gente que reflexiona" (Corán 30:21).
2. "Los creyentes son aquellos que pasado cierto tiempo nupcial con su esposa, no la tratan mal, no la golpean, no le hacen daño, y muestran misericordia y amor hacia ella" (Hadiz de Abu Dawud).
3. "Y convive con ellas en la belleza y en la bondad; si les muestras bondad, seguirán enlazadas a ti" (Corán 2:237).
4. "Y de sus signos es haber creado para vosotros esposas de entre vosotros mismos para que encontréis sosiego en ellas. Y Él ha puesto entre vosotros amor y misericordia. En verdad, hay en esto signos para gente que reflexiona" (Corán 30:21).

➤ EL JUDAÍSMO

Se prohíbe cualquier forma de violencia en pareja. El Talmud establece: "Desea sinceramente la paz y la perseguirás" (Pirkei Avot 1:12).
Los judíos son llamados a tratar a sus cónyuges con cariño y respeto.

➤ EL BUDISMO

Condena la violencia en la pareja.
El Dalai Lama ha dicho: "La violencia en cualquier forma, ya sea física, verbal o mental, es inaceptable según la enseñanza budista".
Se alienta a los budistas a cultivar la compasión y el amor incondicional hacia sus parejas.

➤ EN EL HINDUISMO

Se promueve una relación basada en el respeto y el amor mutuo. Los Vedas enseñan: "Que los amantes no causen daño el uno al otro".
A través de la práctica del yoga y la meditación, los hindúes buscan cultivar la paz y la armonía en sus relaciones.

→

ACTIVIDAD 1 *(CONT.)*

Anexo 2. Casos prácticos

Caso 1:

Se trata de un caso de pareja adolescente en la que el chico comienza a ejercer violencia física y verbal sobre su pareja. La joven se siente atrapada y teme represalias si intenta buscar ayuda. La causa de esta violencia puede estar relacionada con las normas culturales patriarcales arraigadas en la sociedad marroquí, donde se espera que las mujeres sean sumisas a los hombres.

Caso 2:

Se trata de un caso de dos adolescentes que mantienen una relación tóxica en la que ambos ejercen violencia emocional y física. Esta situación puede ser resultado de la exposición a contenidos violentos en los medios de comunicación y la falta de educación sobre relaciones saludables. Además, la influencia de la cultura machista en la sociedad española puede afectar la forma en que estos adolescentes ven las relaciones de pareja.

Caso 3:

En una comunidad gitana, una pareja de adolescentes sufre de violencia física y verbal en su relación. Esto puede estar relacionado con la influencia de normas culturales y tradicionales dentro de la comunidad gitana. Esto también puede contribuir a la violencia en parejas adolescentes.

ACTIVIDAD 2

DESCRIPCIÓN	Con esta actividad de *role-playing* y dramatizaciones se pretende involucrar a los adolescentes en actividades de interpretación de roles y dramatizaciones, para practicar y comprender mejor cómo responder ante situaciones de violencia o abuso en una relación de pareja en contextos con diversidad cultural y étnica.

DESARROLLO

Las actividades de interpretación de roles y dramatizaciones son una excelente manera de involucrar a los adolescentes y ayudarles a comprender y practicar respuestas ante situaciones de violencia o abuso en una relación de pareja. Estas actividades les permiten explorar diferentes perspectivas, desarrollar habilidades de comunicación y empatía, y crear conciencia sobre la importancia de establecer relaciones sanas y libres de violencia.

1. Antes de comenzar la proyección, se realiza una breve introducción sobre la temática general y la relevancia intercultural del tema. En el inicio de la actividad se proyectará algún cortometraje que aborde la violencia en las relaciones adolescentes en contextos con diversidad cultural (ver Anexo).

2. Después, el responsable de la actividad divide a los participantes en grupos y asigna diferentes escenarios en los que se presenten situaciones de conflicto o violencia en parejas adolescente. Por ejemplo, podrían representar una discusión que se vuelve físicamente violenta, un caso de control y manipulación emocional o una situación de acoso en línea. Cada grupo debe preparar una breve dramatización en la que se muestren diferentes respuestas y soluciones al problema planteado.

3. Después de que los grupos hayan practicado y estén listos para presentar sus dramatizaciones, se puede llevar a cabo una sesión de rotación en la que cada grupo presente su escena frente al resto de los participantes. Después de cada presentación, se debe abrir un espacio para la discusión y el análisis de la situación representada.

4. Durante la discusión, se pueden plantear preguntas como:

   - ¿Cómo nos sentimos al presenciar esta situación?
   - ¿Cuáles fueron las respuestas de los personajes en la dramatización? ¿Fueron efectivas? ¿Por qué?
   - ¿Qué tipo de apoyo necesitaría la víctima en esta situación? ¿Cómo podríamos ofrecerle ese apoyo?
   - ¿Cuáles son algunas estrategias que podríamos utilizar para prevenir o detener la violencia en una relación de pareja?
   - ¿Cómo podríamos fomentar la comunicación abierta y respetuosa en nuestras propias relaciones?

Es importante asegurarse de que los adolescentes entiendan que estas actividades son una oportunidad para aprender y practicar habilidades, y no para juzgar o ridiculizar las respuestas dadas. Se debe crear un ambiente seguro y de respeto donde todos puedan expresar sus opiniones y aprender de los demás.

Además, estas actividades de interpretación de roles y dramatizaciones son una manera divertida y efectiva de ayudar a los adolescentes a comprender mejor cómo responder a situaciones de violencia o abuso en una relación de pareja y cómo fomentar relaciones sanas y libres de violencia.

→

→

ACTIVIDAD 2 *(CONT.)*
OBJETIVOS
→ Aumentar la conciencia sobre los diferentes tipos de violencia en parejas adolescentes. → Promover el respeto mutuo y el consentimiento informado en las relaciones de pareja. → Fomentar la igualdad de género y eliminar los roles estereotipados de poder. → Empoderar a los adolescentes para que reconozcan los signos de una relación violenta y sepan buscar ayuda. → Sensibilizar sobre la importancia de establecer límites y respetar los límites de la pareja. → Construir relaciones de pareja saludables basadas en el amor y el respeto mutuo.
PARTICIPANTES
• Alumnado de 12 a 19 años.
RECURSOS
o Aula, pizarra digital, proyector, YouTube, cámara, programa de editor de videos.
TIEMPO
• 55 minutos.
EVALUACIÓN
Se evaluará si los participantes son capaces de detectar los signos de alarma ante la violencia. Además, se evaluará la capacidad crítica y de reflexión que presentan acerca de la violencia mediante la puesta en común y debate final.
ANEXO
Algunos cortometrajes que se pueden proyectar durante la actividad: – *"Silencio en el amor"*. Este cortometraje presenta la historia de una pareja de adolescentes, uno de origen español y otro de origen marroquí, que enfrentan problemas de violencia en su relación. A medida que la historia se desarrolla, se muestra cómo la cultura, las expectativas y las presiones familiares influyen en la dinámica de violencia en la pareja y en la dificultad de buscar ayuda. – *"Amor forzado"*. En este cortometraje, se aborda la violencia en una pareja adolescente conformada por una chica española y un chico latinoamericano. La trama se centra en los estereotipos de género arraigados en ambas culturas, que desencadenan situaciones de control, celos y agresiones físicas y emocionales. – *"Tras las sombras"*. En esta historia, se retrata la violencia en una relación entre una adolescente española y un chico de origen africano. El cortometraje muestra cómo la presión social, los prejuicios raciales y la falta de apoyo y recursos para enfrentar la violencia afectan la experiencia de la pareja y su capacidad para romper el ciclo de abuso. – *"Un amor tóxicamente dulce"*. Este cortometraje explora la violencia en una pareja adolescente formada por una chica española y un chico español de etnia gitana. A través de imágenes simbólicas y testimonios de las propias víctimas, se destaca cómo los estereotipos culturales, las normas familiares y la falta de educación en género contribuyen a perpetuar el ciclo de violencia. – *"Entre dos mundos"*. En esta historia, se aborda la violencia en una pareja adolescente conformada por un chico español y una chica de origen musulmán. El cortometraje muestra cómo los conflictos interculturales, las expectativas familiares y las diferencias en la percepción de género pueden generar situaciones de violencia y dificultades para buscar ayuda.

ACTIVIDAD 3

DESCRIPCIÓN	Con esta actividad se pretende organizar un cine-foro dirigido a adolescentes proyectando una película que aborde la problemática de la violencia en parejas adolescentes y la importancia del respeto cultural.

DESARROLLO

Las películas sobre la violencia en el noviazgo desde una perspectiva intercultural es una excelente iniciativa para generar conciencia y reflexión sobre este tema tan importante.

– *Selección de películas/documentales*: El responsable de la actividad, tiene que investigar y elegir películas o documentales que aborden, de manera realista y sensible, la violencia en el noviazgo desde diferentes perspectivas culturales. Tiene que buscar producciones audiovisuales que representen diversas realidades y casos de diferentes partes del mundo. (ver Anexo). También tiene que seleccionar el visionado de las diferentes escenas que se incluyeran dentro de la actividad. El responsable de la actividad tiene que contar con conocimientos previos sobre el tema de la violencia en el noviazgo y en cuestiones interculturales. Esta persona tendrá la tarea de iniciar y mantener las discusiones y debates posteriores a la proyección de manera respetuosa y constructiva.

– *Proyección de la película/documental*: Es necesario contar con un espacio adecuado con buena calidad de sonido y proyección. Antes de comenzar la proyección, se realiza una breve introducción sobre la temática general y la relevancia intercultural del tema.

Después de la proyección, se abre un espacio de discusión donde se invita a los y las adolescentes a compartir sus reflexiones y opiniones sobre la película. Se les guía para identificar los diferentes tipos de violencia que se presentaron en la historia y se analizan las consecuencias negativas que la violencia puede tener en una relación.

Durante la sesión se plantearán preguntas tales como:

- ¿Qué elementos culturales se muestran en la relación de pareja adolescente en la película?
- ¿Cómo crees que la cultura influye en las actitudes y comportamientos violentos en la pareja adolescente?
- ¿Cuáles son algunos estereotipos culturales que se refuerzan en la película y cómo pueden contribuir a la violencia en la pareja adolescente?
- ¿En qué medida crees que los valores culturales de la comunidad en la que se desarrolla la película pueden contribuir a la prevención de la violencia en las relaciones de pareja adolescente?
- ¿Cómo se representan los roles de género en la película y qué impacto crees que tienen en la violencia en la pareja adolescente?
- ¿Qué mensajes culturales se transmiten sobre el amor romántico en la película y cómo pueden influir en la violencia en la pareja adolescente?
- ¿Cuál es la opinión de la comunidad en la película sobre la violencia en las relaciones de pareja adolescente y cómo puede afectar la prevención de la violencia?
- ¿Qué aspectos de la cultura de la comunidad en la que se desarrolla la película ayudan a prevenir la violencia en las parejas adolescentes?
- ¿Cómo se trata la diversidad cultural en la película y de qué manera podría afectar la prevención de la violencia en las relaciones de pareja adolescente?
- ¿Qué cambios culturales propondrías para prevenir la violencia en las parejas adolescentes, basándote en los aspectos culturales presentados en la película?

La actividad se concluye con un debate final en el aula para que los estudiantes compartan sus opiniones, experiencias y dudas sobre la violencia de género y las diferencias culturales y étnicas que pueden afectar a las parejas adolescentes.

→

→

ACTIVIDAD 3 *(CONT.)*

OBJETIVOS

→ Concientizar y sensibilizar a los adolescentes sobre la violencia en parejas adolescentes:

Al proyectar películas que abordan este tema, se busca crear conciencia en los estudiantes sobre la existencia de estas problemáticas y cómo afectan a las personas, especialmente a las adolescentes de diferentes culturas y etnias.

→ Promover la empatía y la tolerancia:

Al ver películas que presentan estas problemáticas en parejas adolescentes de diferentes culturas y etnias, los estudiantes pueden desarrollar empatía hacia las víctimas y una mayor comprensión de la diversidad cultural, fomentando así la tolerancia y el respeto hacia los demás.

→ Generar un espacio de diálogo y reflexión sobre la violencia de género y las diferencias culturales y étnicas que pueden afectar a las parejas adolescentes.

→ Prevenir la violencia de género y promover relaciones saludables:

Al mostrar las consecuencias negativas de la violencia de género en las películas, se busca que los estudiantes reflexionen sobre la importancia de construir relaciones basadas en el respeto, la igualdad y la comunicación, ayudando así a prevenir la violencia de género en sus propias vidas.

→ Romper estereotipos de género y culturales:

Al proyectar películas que abordan la violencia de género en parejas adolescentes de diversas culturas y etnias, se puede fomentar una mayor conciencia sobre los estereotipos de género y culturales que pueden contribuir a esta problemática, alentando a los estudiantes a desafiar y rechazar estos estereotipos en sus propias vidas.

PARTICIPANTES

• Alumnado de 13 a 19 años.

RECURSOS

o Proyector, papel y bolígrafos.

TEMPORALIZACIÓN

• 1 hora.

EVALUACIÓN

➤ Realizar evaluaciones periódicas para medir el impacto de los cortometrajes en la prevención de la violencia en los contextos con diversidad cultural.

➤ Realizar ajustes y mejoras en base a los resultados obtenidos y a los comentarios y retroalimentación de población diana.

➤ Establecer mecanismos de seguimiento a largo plazo para evaluar el impacto sostenido de los cortometrajes en la prevención de la violencia.

→

→

ACTIVIDAD 3 *(CONT.)*

ANEXO

Algunas películas que se pueden proyectar:

- *"Precious"* (2009). Dirigida por Lee Daniels, esta película narra la historia de una adolescente que sufre violencia doméstica y es abusada sexualmente.
- *"Boys Don't Cry"* (1999). Basada en hechos reales, esta película cuenta la historia de una joven transgénero que enfrenta la violencia física y el acoso en una pequeña comunidad.
- *"Enough"* (2002). Protagonizada por Jennifer López, la película sigue a una mujer que escapa de su violento esposo y aprende a defenderse.
- *"Bitter Harvest"* (2017). Este drama histórico aborda temas de violencia y opresión en la Ucrania soviética durante los años 30.
- *"Sin Nombre"* (2009). Dirigida por Cary Fukunaga, la película sigue a una joven migrante mexicana que se une a una pandilla para escapar de su violento pasado.
- *"The Hunting Ground"* (2015). Este documental expone el problema de la violencia sexual en las universidades de Estados Unidos y la cultura de la violación.
- *"The Mask You Live In"* (2015). Este documental explora los estereotipos de género y cómo afectan a los hombres en la sociedad, incluyendo la relación entre masculinidad tóxica y violencia en las parejas adolescentes.
- *"India's Daughter"* (2015). Documental que examina el caso de la violación y asesinato de una estudiante de medicina en Delhi (India). Destaca los problemas de violencia de género y la cultura del patriarcado en la sociedad india.

ACTIVIDAD 4

Descripción	Con esta actividad se pretende analizar correlatos actitudinales a través del análisis de casos prácticos de violencia en parejas adolescentes de diferentes culturas.

DESARROLLO

Se comienza con la explicación de los objetivos de la actividad.

1. Se realizará una *dinámica de rompehielos* para que los adolescentes se conozcan entre sí y se sientan más cómodos participando en la sesión. Por ejemplo, "Lluvia de preguntas", donde cada adolescente debe hacerle una pregunta a otro para conocerlo mejor.

2. *Presentación de conceptos*: explicar qué es una relación saludable y qué es la violencia en pareja.

   – Enumerar los diferentes factores que están asociados con la perpetración y victimización por violencia en noviazgo adolescente: normas de género, expectativas sociales, exposición a la violencia, desigualdad de género, sistema de creencias y valores, etc.

   – Mostrar ejemplos concretos de comportamientos de violencia en pareja.

   – Resaltar la importancia de establecer límites y de respetar los límites del otro.

3. *Análisis de casos prácticos de violencia en parejas adolescentes de diferentes culturas en España* (ver Anexo).

   – Presentar casos ficticios de relaciones de pareja.

   – Dividir a los adolescentes en grupos pequeños y asignar a cada grupo uno de los casos.

   – Pedir a los grupos que analicen los casos y discutan sobre las señales de violencia y las diferencias entre una relación saludable y una no saludable.

   – Solicitar que cada grupo comparta sus conclusiones con el resto de los participantes.

4. *Técnicas de comunicación y resolución de conflictos*: presentar técnicas de comunicación efectiva y de resolución de conflictos, como el "uso del yo", la escucha activa y el compromiso mutuo.

   – Realizar una actividad práctica donde los adolescentes practiquen estas técnicas en situaciones de conflicto simuladas.

5. *Puesta en común y reflexión*. La actividad se concluye con un debate final en el aula para que los estudiantes compartan sus opiniones, experiencias y dudas sobre la violencia de género y las diferencias culturales y étnicas que pueden afectar a las parejas adolescentes.

OBJETIVOS

→ Identificar los factores que permiten el inicio, mantenimiento de la violencia en las relaciones de pareja adolescente.

→ Promover relaciones saludables y respetuosas. El respeto mutuo, la comunicación efectiva y la igualdad de género.

→ Mejorar las conexiones entre jóvenes de diversos orígenes y diferentes culturales.

RECURSOS

o Pizarra y marcadores.

o Hojas en blanco y bolígrafos.

→

→

ACTIVIDAD 4 *(CONT.)*

TIEMPO

- Dinámica de rompehielos (10 minutos).
- Presentación de conceptos (10 minutos).
- Análisis de casos (15 minutos).
- Puesta en común de estrategias de comunicación y resolución de conflictos (15 minutos).
- Reflexión y debate final (10 minutos).

EVALUACIÓN

Se evaluará si los participantes son capaces de detectar los signos de alarma ante la violencia. Además, se evaluará la capacidad crítica y de reflexión que presentan acerca de la violencia mediante la puesta en común y debate final.

ANEXO 1

Caso práctico 1: Pareja adolescente de origen latinoamericano

Griselda y Osvaldo son una pareja adolescente de origen latinoamericano que residen en España. Ambos tienen 16 años y llevan saliendo juntos desde hace aproximadamente un año. En los últimos meses, amigos cercanos han notado que muestran señales de control y celos hacia Griselda. Por ejemplo, constantemente la vigila en redes sociales, le pide que no se encuentre con amigos varones y no le permite vestir prendas que considera provocativas. Griselda ha empezado a evitar ciertas situaciones para no enfadar a Osvaldo y mantener la paz en la relación.

Este caso muestra un correlato de violencia en parejas adolescentes de origen latinoamericano en España. En algunas culturas latinoamericanas, los roles de género y las normas sociales pueden ser más tradicionales y patriarcales, lo que puede dar lugar a conductas de control y celos en las relaciones de pareja. Estas conductas pueden perpetuarse cuando los adolescentes migran a países como España, donde se enfrentan a nuevas influencias y normas culturales.

Caso práctico 2: Pareja adolescente de origen árabe

Malak y Yasin son una pareja adolescente de origen marroquí que vive en España. Ambos tienen 17 años y llevan saliendo juntos desde hace ocho meses. En los últimos meses, Aisha ha notado que Yasin se muestra cada vez más agresivo verbalmente cuando tienen discusiones. En ocasiones, Yasin la ha empujado durante las discusiones y ha dañado objetos cercanos. Malak ha empezado a tener miedo de Yasin, y cada vez está procurando evitar situaciones que puedan llevar a una confrontación.

Este caso muestra un correlato de violencia en parejas adolescentes de origen musulmán en España. En algunas culturas árabes, las normas de género y el concepto de "honor familiar" pueden influir en las relaciones de pareja. Esto puede llevar a que los adolescentes adopten roles de poder y control, manifestándose en comportamientos agresivos y violentos. Estos modelos culturales pueden ser contrastantes con las normas sociales de la sociedad española actual, lo que puede generar conflictos y situaciones de violencia en las parejas adolescentes.

ACTIVIDAD 5	
DESCRIPCIÓN	Con esta actividad se pretende promover la comunicación y diálogo intergeneracional para prevenir la violencia en parejas adolescentes.

DESARROLLO	OBJETIVOS
Se realiza un taller para padres y adolescentes donde se aborda la importancia de una comunicación saludable en las relaciones de pareja y se proporcionan herramientas para mejorarla. Se iniciará la sesión con la visualización de un video sobre la violencia en parejas adolescentes (https://www.youtube.com/watch?v=n_5vaz1dehQ). Después, se realizan dinámicas que fomenten la interacción y el diálogo entre padres e hijos. Se les pide que compartan situaciones de conflicto que hayan experimentado en relaciones pasadas o presentes y se les guía para identificar los factores que llevaron a la violencia en esas situaciones. Se presentan técnicas de comunicación efectiva, como el uso de "yo" en lugar de "tú", la escucha activa y la empatía. Se realizan ejercicios prácticos donde padres y adolescentes practican estas técnicas para resolver conflictos hipotéticos. Al final de la sesión, se les proporciona un resumen de las herramientas y técnicas aprendidas, así como recursos adicionales para seguir trabajando en la comunicación en sus relaciones de pareja.	→ Fomentar la comunicación y el entendimiento entre generaciones para promover relaciones saludables y respetuosas en las parejas adolescentes. → Sensibilizar a las familias acerca de la importancia de prevenir y abordar la violencia en las relaciones de pareja adolescentes con diversidad cultural. → Promover la igualdad de género y el respeto a la diversidad cultural como pilares fundamentales para prevenir la violencia en las parejas adolescentes. → Ofrecer herramientas y recursos para que los adolescentes y sus familias puedan detectar y responder adecuadamente a situaciones de violencia en las relaciones de pareja. → Fomentar el diálogo y el intercambio de experiencias entre generaciones y culturas diferentes, con el fin de enriquecer el conocimiento y la comprensión sobre cómo prevenir y abordar la violencia en las parejas adolescentes. → Impulsar la colaboración entre instituciones educativas, organizaciones comunitarias y familias para desarrollar estrategias efectivas de prevención y atención de la violencia en parejas adolescentes con diversidad cultural. → Promover la diversidad cultural como un valor positivo, que enriquece la convivencia y ayuda a prevenir estereotipos, prejuicios y discriminación que pueden conducir a situaciones de violencia en las relaciones de pareja.
	PARTICIPANTES
	• Padres y alumnos de 12 a 19 años.
	RECURSOS
	o Pizarra y marcadores. o Hojas en blanco y lápices. o Proyector o equipo audiovisual para mostrar vídeos y presentaciones.
	TIEMPO
	• 55 minutos.

EVALUACIÓN
➢ Se evaluará la capacidad crítica y de reflexión que presentan los participantes acerca de la violencia mediante la puesta en común y debate final.

9

Educación afectiva y sexual para adolescentes

Antonia Lozano Díaz

Las tradiciones y particularidades de cada cultura tienen una influencia de gran relevancia en las prácticas de dicho grupo cultural. Entre estas prácticas está todo lo relacionado con la sexualidad y la regulación de la misma llegando a favorecerla u obstaculizarla de modo importante. Destacamos aquí la necesidad de superar dichos obstáculos e incorporar la educación sexual integral de los y las adolescentes dado que, dicha formación tiene el auspicio legal y político de las autoridades competentes, tanto a nivel nacional como a nivel supranacional (como es el caso de la OMS).

Los adolescentes precisan de una educación sexual completa, numerosos estudios muestran las dificultades que encuentran para afrontar los cambios físicos, emocionales y sociales durante esta etapa del desarrollo humano. Así, por ejemplo, las jóvenes, sobre todo en África y Asia, presentan un notable desconocimiento y uso de métodos anticonceptivos modernos (Guttmacher Institute, 2015). En los últimos años se ha producido además un alarmante aumento de Infecciones de Transmisión Sexual (ITS) entre los y las adolescentes. Así, por ejemplo, la Asociación Española de Pediatría (2022) alerta que:

- La clamidia y el gonococo son las infecciones de transmisión sexual más frecuentes en la adolescencia, en torno a un 30% de los diagnósticos de clamidia y un 25% de gonococo corresponden a jóvenes menores de 19 años.
- La adolescencia es uno de los pocos grupos de población a nivel mundial en el que no se ha conseguido un descenso en nuevos diagnósticos en VIH. El diagnóstico tardío es además una realidad preocupante que afecta al 30% de adolescentes con el VIH.
- Más del 50% de los menores de entre 14-17 años consume porno, regularmente, en internet.

Los datos sanitarios muestran cómo progresivamente disminuye la edad de inicio de las relaciones, sin que exista una contraparte de educación sexual. Las conductas sexuales de riesgo no solo provocan un aumento de las ITS, sino también embarazos no deseados, abusos y frustración en las relaciones (Asociación Española de Pediatría, 2022). Según la OMS (2019), un programa de educación sexual integral incrementa y mejora el conocimiento adolescente en la salud sexual, previene el inicio precoz de relaciones sexuales y evita la asunción de prácticas de riesgo.

La educación sexual también ayuda a que los y las adolescentes amplíen su nivel de conocimiento y comprensión de su propio cuerpo, de su sexualidad, y de sus sentimientos y afectos. Es importante que aprendan a diferenciar entre sus gustos y deseos y las presiones externas para someterse a la norma. El fomento de la autoestima, el empoderamiento y la capacidad de discernir y posicionarse frente al abuso es un factor clave para madurar como seres sexuados equilibrados, en los que el respeto y el acuerdo mutuo marquen las reglas del juego.

Una de las líneas fundamentales de la educación sexual constituye todo lo que rodea a la violencia en la pareja adolescente (VPA), dado su alarmante incremento. Algunos estudios, como el de Taylor y Mumford (2014), informan de hasta un 69% de VPA. Sin embargo, uno de los grandes obstáculos que dificultan el abordaje de la VPA es la dificultad de los y las jóvenes para reconocer el maltrato; uno de cada 3 jóvenes de entre 15 y 29 años no identifican las conductas de control como violencia y, de hecho, toleran el control mejor que los adultos (Delegación del Gobierno para la Violencia de Género, 2015). Además, la reincidencia en ser víctima de la VPA se debe a la escasez de habilidades para seleccionar la pareja y para resolver de modo asertivo los problemas.

Abordar una educación sexual integral supone poner en cuestión los mitos sobre el amor y el sexo en el marco de las relaciones de pareja. La idea es contribuir a la "adquisición de conocimientos y habilidades que fomenten la toma de decisiones conscientes y respetuosas en las relaciones entre los y las jóvenes que les permitan desarrollar proyectos de vida en libertad" (Acción en Red, 2019).

A lo largo de esta propuesta se abordarán diversas temáticas relacionadas con el consentimiento en las relaciones, las Infecciones de Transmisión Sexual (ITS), y los estereotipos y roles en las representaciones de la sexualidad, entre otras. Lo que pretendemos no es intentar dar lecciones sobre lo que está bien o no, sobre lo que es correcto o no, o sobre lo que es normal o no. La pretensión es educar en la idea de que la sexualidad es una dimensión con una diversidad muy amplia y con elementos positivos que tenemos que aprender a construir desde el diálogo, el consenso y la ausencia de coacciones y violencias de cualquier tipo.

En una sociedad transcultural como la actual se hace necesario también escuchar las aportaciones de adolescentes de culturas diferentes para hacer frente a la VPA. En un metaanálisis llevado a cabo por Cala y Soriano-Ayala (2021), sobre las características y dimensiones culturales de la VPA, fueron los propios jóvenes quienes destacaron las siguientes recomendaciones para construir relaciones sanas y equilibradas:

■ Saber poner límites.

■ Mantener el respeto y el (auto)control a pesar de los problemas en la relación.

■ No permitir acciones que atenten contra la dignidad personal.

■ Aprender a cuidarse abandonando relaciones insalubres o negativas.

■ Aprender a ser asertivos no haciendo nada que no se quiera hacer.

■ Evitar situaciones y actividades de ocio que impliquen la posibilidad de llevar a cabo actividades de riesgo como consumo de alcohol, drogas o sexo no deseado.

En relación a los programas de intervención, también se puso en valor el importante papel que pueden jugar los mediadores culturales.

El consentimiento en las relaciones afectivo-sexuales

Clotet (entrevista en *Diari Ara*, 2021), define el consentimiento sexual como "un hecho en el cual se ha establecido que todas las personas que participan en un acto sexual saben que es lo que pasará exactamente y lo quieren hacer de manera absolutamente voluntaria". Cuando no existe consentimiento es un abuso. La comunicación es un elemento fundamental a la hora de mantener relaciones. Es importante no dejarse arrastrar por los deseos de complacer al otro sin tener claro nuestras necesidades, deseos y gustos.

Debe concretarse si solo se desean besos o abrazos, o si se desea ir más allá (incluido el coito) También es importante saber que se puede poder parar en el momento que se desee. Debemos hacer saber qué estamos dispuestos a hacer, de qué forma, dónde, si habrá más personas involucradas, etc. Conviene destacar también el hecho de que lo anterior es totalmente aplicable, con independencia de lo consolidada que esté la relación entre los y las jóvenes.

Estereotipos y roles en la sexualidad

La diferenciación en cuanto a estereotipos y roles en la sexualidad está muy marcada en todas las culturas. A través de los procesos de socialización y los juicios de valor sobre su conducta, hombres y mujeres van construyendo la narrativa de lo que es apropiado y correcto en cuanto a manifestaciones sexuales de cualquier tipo. Según Acción en Red (2019), esta socialización diferenciada potencia en las mujeres las expresiones de afecto y enamoramiento y se castigan (o no se estimulan) las manifestaciones de deseo sexual y placer activo. El estereotipo sexual femenino se construye como sensible, no genital, más bien difuso, ligado al amor y los sentimientos, con poca iniciativa, receptiva y más tendente a la monogamia. En contraposición, el estereotipo masculino se socializa en la prohibición de la afectividad, el fomento de la promiscuidad y el deseo sin límites. La sexualidad de los hombres se enfatiza para que sea activa, con iniciativa, genitalizada y basada en el impulso sexual sin límites. La sexualidad alude al modo en que cada persona experimentamos el hecho de ser seres sexuados, este hecho va más allá de los detalles anatómico-fisiológicos e implica nuestras vivencias, experiencias de socialización, orientación (homosexualidad, heterosexualidad, bisexualidad, etc.), gustos y deseos.

Infecciones de Transmisión Sexual (ITS)

Tener sexo se refiere a prácticas eróticas de diversa índole como pueden ser los besos, las caricias, la masturbación, el coito, etc. Cada persona debe descubrir qué tipo de prácticas le gustan mediante el conocimiento y la experimentación con el propio cuerpo. Lo importante es el placer y el bienestar de la práctica erótica en la que se participa libremente y en igualdad. Sin embargo, es importante no dejarse arrastrar por el momento y tener en cuenta los riesgos que pueden existir como son los embarazos no deseados y las Infecciones de Transmisión Sexual (ITS). Para ello lo importante es protegerse, fundamentalmente a través de diversos métodos siendo el preservativo el único que protege frente a las ITS y embarazos.

Las ITS están causadas por virus, bacterias y parásitos que se transmiten a través de contactos sexuales como el sexo vaginal, anal u oral. Algunas también pueden transmitirse a través del contacto con la piel, a través de objetos punzantes, juguetes sexuales, a través del parto, lactancia, etc.

PROPUESTAS DE ACTUACIÓN

En este capítulo se han tratado aquellos aspectos relacionados con la regulación y práctica afectivo-sexual en la adolescencia, teniendo en cuenta también los aspectos culturales. Son numerosos los estudios que muestran las dificultades de las y los adolescentes para afrontar los cambios físicos, emocionales y sociales en esta etapa del desarrollo. Se proponen así una serie de estrategias y actividades que buscan educar en la idea de que la sexualidad presenta una amplia diversidad, con elementos positivos que tenemos que aprender a construir desde el diálogo, el consenso y la ausencia de coacciones y/o violencia de cualquier tipo.

ACTIVIDAD 1

DESCRIPCIÓN	Con esta actividad se pretende que el alumnado conozca lo erróneo de muchas ideas en torno a la sexualidad, la importancia del consentimiento y cómo gestionar estos aspectos.

DESARROLLO	OBJETIVOS
1. Mediante la técnica de "lluvia de ideas" se pregunta a la clase: ¿qué es el consentimiento? Si no se obtiene una idea clara, a través de sus expresiones, les pedimos que busquen este concepto en el diccionario. A continuación, preguntamos: – ¿Qué significa el consentimiento en las relaciones sexuales? – ¿Qué actividades comprende? – ¿Qué supone respecto a la otra persona implicada? – ¿Qué supone respecto a nosotros mismos? 2. A continuación se visualiza el vídeo titulado *El consentimiento sexual explicado con una taza de té* (https://www.youtube.com/watch?v=E4WTnJCMrH8&t=5s), de 2' 53" de duración. Si es necesario, hacia el final, se aclaran las dudas que puedan surgir. 3. Visualización del vídeo *Solo Sí es Sí* (https://www.youtube.com/watch?v=hfeCeiCOYOl), de 1' 13" de duránción. Al finalizar, se lanzan una serie de cuestiones para el debate: – ¿Qué ha sucedido? – ¿Se ha respetado el consentimiento? – ¿Por qué pensáis que ha ocurrido esto? – ¿Sería constitutivo de delito? Durante el desarrollo de la sesión y, sobre todo al finalizar, es importante recordar al alumnado que: – El consentimiento se otorga desde la propia libertad de decisión. – No supone una "barra libre", sino que se otorga para cada momento concreto. – Se facilita estando informado y, además, es reversible; en cualquier momento puedes decidir que deseas dejar la situación.	→ Establecer qué ideas erróneas o distorsionadas existen en torno a las prácticas sexuales y el papel que debe jugar el consentimiento. → Aprender a gestionar correctamente el chantaje para realizar prácticas no deseadas. → Mejorar la propia autoestima y asertividad de modo que sepamos poner límite a las presiones. **PARTICIPANTES** • Alumnado desde 1º de Secundaria (12 años en adelante). **AGRUPAMIENTOS** • Trabajo en gran grupo y también individual. **RECURSOS** o Proyector para la visualización de los cortos propuestos. **TIEMPO** • Duración una o dos sesiones de 1 hora aproximadamente (dependiendo del deseo de debatir y compartir del alumnado).

EVALUACIÓN

➤ Observación/registro de la participación del alumnado (se niega a participar/ solo participa si se le pide/ lo hace de modo espontáneo).

➤ Reflexión/adquisición de nuevos aprendizajes (evolución de sus ideas preconcebidas/ justificación con sus aportaciones/ diferencia entre opinión y hechos).

ACTIVIDAD 2

DESCRIPCIÓN	Con esta actividad se pretende que el alumnado sea consciente del modo en el que son (somos) influidos por nuestro contexto vital y cultural en la adquisición y atribución del rol sexual.

DESARROLLO

1. Iniciamos la clase con una recogida de ideas previas sobre los estereotipos sexuales que tenemos acerca de hombres y mujeres. Para ello utilizamos la técnica Phillip 6/6, es decir, la clase dividida en grupos de 6 debaten entre ellos durante 6 minutos para dar respuesta a la siguiente pregunta:
   – ¿Cuáles son las conductas sexuales que se esperan de las mujeres? ¿Y de los hombres?
   – ¿Existen diferencias? ¿Esas diferencias son construidas socialmente?

2. Se aclaran los conceptos que sean necesarios para que el alumnado tenga claro los términos (monogamia, promiscuidad, sexualidad difusa, etc.) recogidos en las tablas en las que van a trabajar, después de que se haya visionado el corto *Roles* (https://www.youtube.com/watch?v=aWPHyiyPwyU).

3. Se explica que:
   – En la Tabla 1 deben anotar con una X el rol sexual y afectivo que ejercen el hombre y la mujer *hasta el minuto 8*.
   – En la Tabla 2 deben anotar los roles que se ejercen *a partir del minuto 8*.

TABLA 1. VÍDEO *HASTA EL MINUTO 8*		
Rol sexual y afectivo	**Mujer**	**Hombre**
• Afectividad y entrega, cuidar	....	....
• Afectividad superficial, ser cuidado	....	....
• Monogamia	....	....
• Promiscuidad	....	....
• Sexualidad difusa	....	....
• Sexualidad activa	....	....

TABLA 2. VÍDEO *A PARTIR DEL MINUTO 8*		
Rol sexual y afectivo	**Mujer**	**Hombre**
• Afectividad y entrega, cuidar	....	....
• Afectividad superficial, ser cuidado	....	....
• Monogamia	....	....
• Promiscuidad	....	....
• Sexualidad difusa	....	....
• Sexualidad activa	....	....

→

→

ACTIVIDAD 2 *(CONT.)*

DESARROLLO

4. Una vez finalizada la actividad de ambas Tablas, se pregunta al alumnado por sus anotaciones y se ponen las impresiones y valoraciones en común. Para promover o para iniciar el debate pueden ser útiles preguntas como:

– ¿Qué has pensado cuando has visto los roles sexuales al comienzo del vídeo (hasta el minuto 8)?

– ¿Qué calificativos e ideas se te han venido a la mente?

– ¿Crees que es posible que hombres y mujeres puedan intercambiarse estos roles?

– ¿Con quién tenía una cita al final el hombre?

– ¿Qué te ha parecido que sea otro hombre con quien tenía la cita? ¿Ha cambiado tu percepción de su rol?

Durante el desarrollo de la sesión y, sobre todo al finalizar, es importante recordar al alumnado que:

• La sexualidad es una cuestión clave a lo largo de la vida de la persona, abarca tanto el sexo, como los roles de género, el placer, el erotismo y la intimidad.

• La sexualidad es diversidad: hay tantas sexualidades como personas.

OBJETIVOS

→ Conocer las propias actitudes hacia los estereotipos sexuales.

→ Reflexionar sobre los condicionantes recibidos y ejercidos para desarrollar nuestro propio rol sexual y el de los demás.

PARTICIPANTES

• Alumnado de ESO, desde los 12 años.

AGRUPAMIENTOS

• Pequeño grupo: de 6 alumnos/as.

RECURSOS

o Proyector para ver el vídeo.

o Fotocopias con las Tablas 1 y 2.

TIEMPO

• Una sesión de clase (1 hora).

EVALUACIÓN

Se propone una breve rúbrica de evaluación con los siguientes indicadores.

➤ Valorar si el alumno o alumna es consciente de sus propios prejuicios sobre los roles sexuales que se atribuyen a cada género, señalando:

➤ Ninguno (considera que los prejuicios no existen, es el "orden natural de las cosas").

➤ Escaso (entiende que tiene prejuicios, pero no tiene claramente decidido que eso afecte negativamente sus apreciaciones de los roles sexuales).

➤ Satisfactorio (entiende que tiene prejuicios y declara su intencionalidad de ser proactivo para que eliminarlos).

ACTIVIDAD 3

DESCRIPCIÓN	En esta actividad se busca que el alumnado tome conciencia del peligro de las ITS si no toman las medidas correctas.

DESARROLLO	OBJETIVOS

DESARROLLO

1. Dividimos la clase en 5 grupos y les pedimos que anoten qué Infecciones de Transmisión Sexual (ITS) conocen, de cuáles han oído hablar, cuáles le suenan, etc. Se ponen en común dichos conocimientos previos (ver Anexo I).

2. Les ponemos el vídeo Está en tus manos (https://www.youtube.com/watch?v=5gOwK781Vx0), de 1' y 28" de duración. A continuación, se inicia el debate con una serie de cuestiones:

- ¿Quién se ha contagiado? ¿Por qué?
- ¿De qué modo se podría haber evitado?
- ¿Qué responsabilidad tenemos cada uno de nosotros/as en la prevención de las ITS?
- ¿Por qué da vergüenza tener una ITS?
- ¿Creéis que hay colectivos con más incidencia de ITS?

Si consideran que los jóvenes no tienen apenas ITS es interesante recordarles que: un tercio de los diagnósticos de clamidia y gonorrea son de menores de 19 años y que los adolescentes es el único grupo de edad dónde los diagnósticos de VIH no han parado de aumentar.

Durante el desarrollo de la sesión y, sobre todo al finalizar, es importante recordar al alumnado que para disfrutar del sexo de modo seguro debemos ser conscientes de las ITS y del modo efectivo de protegerse ante ellas. También, de que las ITS pueden afectar a todos por igual, que no son algo vergonzoso y que se debe acudir al médico ante síntomas sospechosos.

OBJETIVOS

→ Conocer que las Infecciones de Transmisión Sexual (ITS) también afectan a los más jóvenes.
→ Establecer y aprender a asumir el papel que cada uno juega en la transmisión de las ITS.

PARTICIPANTES

- Alumnado de Secundaria desde los 12 años.

AGRUPAMIENTOS

- Pequeño grupo de 5-6 alumnos.
- Gran grupo.

RECURSOS

o Proyector para la visualización del vídeo.

TIEMPO

- 1 sesión de 1 hora aproximadamente.

EVALUACIÓN

Lanzamos las siguientes preguntas que pueden resolver también en pequeño grupo:

➤ ¿Quién puede tener una ITS?:

A) la persona que es muy promiscua.

B) la persona que de vez en cuando se protege para tener relaciones.

C) la persona que siempre se protege.

➤ ¿Qué papel jugamos cada uno, chica o chico, en las ITS?:

A) debemos ser responsables para no infectar a los demás o infectarnos nosotros.

B) Yo estoy muy sana o sano, por eso es el otro quien debe protegerse.

C) Tengo pocas relaciones y con personas muy sanas, por eso no es preciso protección.

→

→

ACTIVIDAD 3 *(CONT.)*

Anexo. Infecciones de Transmisión Sexual (ITS)

BACTERIANAS

Gonorrea

Infección bacteriana del tracto genital. Síntomas: secreción espesa, turbia o con sangre proveniente del pene o la vagina, ardor al orinar, etc.

Clamidia

Infección bacteriana con síntomas como micción dolorosa, dolor abdominal en la parte baja, flujo vaginal, secreción del pene, inflamación testicular, etc.

Sífilis

Infección bacteriana. Comienzo con una pequeña llaga indolora, más adelante erupción con llagas rojas o marrón rojizas en cualquier área, fiebre, malestar, inflamación de los ganglios linfáticos

VÍRICAS

Hepatitis

Los virus A, B y C producen inflamación del hígado y hay síntomas como malestar general, vómitos, delgadez, coloración amarilla de la piel (ictericia) y del blanco de los ojos. A veces es asintomática

VIH

Infección vírica que debilita paulatinamente el sistema inmune hasta que aparecen signos y síntomas de este debilitamiento (diarrea, fatiga, fiebre, pérdida de peso...).

Herpes

Infección vírica que caracteriza por pequeños bultos rojos, ampollas o llagas abiertas (úlceras) en las zonas genitales y anales y en las áreas cercanas, dolor o picazón alrededor del área

Papiloma

Infección vírica, puede presentar síntomas como verrugas genitales. Suele curarse solo pero también se le asocia a riesgo de cáncer de cérvix, pene o ano.

PARASITARIAS

Ladillas

Infección parasitaria que caracteriza por picazón intensa en el vello púbico.

Para saber más

- *Enfermedades de transmisión sexual* (https://www.youtube.com/watch?v=zhsNNiALN2E).
- *Sobre sexualidad, roles estereotipos y demás* (https://niogrosniprincesas.com/documents/NONP-guia-para-profesorado.pdf)

Bibliografía citada[*]

Capítulo 1. *La violencia y sus tipos entre parejas adolescentes*

Aroca, C., Ros, C., y Varela, C. (2016). Programa para el contexto escolar de prevención de violencia en parejas adolescentes. *Educar, 52*(1), 11-31. https://doi.org/10.5565/rev/educar.673

Arreola, A.D.C., Díaz, M.E.H., Palencia, A.R., y Hoyos, S.I. (2015). Violencia en el noviazgo y su relación con la dependencia emocional pasiva en estudiantes universitarios. *Psicumex, 5*(1), 8-18. https://doi.org/10.36793/psicumex.v5i1.248

Ballesteros, B. (Coord) (2023). *Evolución de la violencia contra las mujeres en la infancia y adolescencia en España (2018-2022), según su propio testimonio.* Fundación ANAR. https://www.anar.org/fundacion-anar-presenta-un-estudio-sobre-la-evolucion-de-la-violencia-contra-las-mujeres-en-la-infancia-y-adolescencia

Buelga, S., y Pons, J. (2012). Agresiones entre Adolescentes a través del Teléfono Móvil y de Internet. *Psychosocial Iintervention, 21*(1), 91-101. https://doi.org/10.5093/in2012v21n1a2

Castillo, C. (2018). *Enséñame a querer. Guía para familias de adolescentes y jóvenes* Comunidad de Murcia. Consejería de Familia e Igualdad de Oportunidades. Dirección General de Mujer e Igualdad de Oportunidades https://www.carm.es/web/pagina?IDCONTENIDO=17858&IDTIPO=246&RASTRO=c890$m5859

Close, S.M. (2005). Dating violence prevention in middle school and high school youth. *Journal of Child and Adolescent Psychiatric Nursing, 18*, 2-9 http://dx.doi.org/10.1111/j.1744-6171.2005.00003.x

Dalouh, R., y Soriano, E. (2020). La educación en valores como prevención de la violencia en parejas adolescentes en entornos transculturales. *Publicaciones, 50*(1), 61-81. https://doi.org/10.30827/publicaciones.v50i1.15345

Elipe, M., Martínez, N., Ruíz, E., y Gil, B. (2019). Diferencias de género en el sexting: Una práctica desequilibrada. En R. Carmona y J. Sanfelix, *En busca de buenas prácticas de masculinidades igualitarias desde el ámbito de la universidad* (pp. 291-300). Universidad Miguel Hernández. https://innovacionumh.es/editorial/Congreso%20Masculinidades.pdf

Hernando, A. (2007). La prevención de la violencia de género en adolescentes. Una experiencia en el ámbito educativo. *Apuntes de Psicología, 26*(3), 325-340. https://www.uhu.es/angel.hernando/documentos/2007_Apuntes_de_Psicologia.pdf

---

[*] Todos los hipervínculos incluidos en estas Referencias han sido revisados con fecha 15 de junio de 2024.

Instituto Nacional de Estadística (INE). (31 de mayo de 2023). *Estadística de violencia doméstica y violencia de género. Año 2022.* https://www.ine.es/dyngs/INEbase/es/operacion.htm?c=Estadistica_C&cid=1254736176866&menu=ultiDatos&idp=1254735573206

InfoLibre (2021, 19 de octubre). *Save the Children alerta de la normalización de la violencia de género entre adolescentes y su invisibilización.* https://www.infolibre.es/politica/save-the-children-alerta-normalizacion-violencia-genero-adolescentes-invisibilizacion_1_1211973.html?cv=1

López, M. (2017). *Prevención de la violencia de género en el noviazgo. Influencia de las nuevas tecnologías y guía de prevención.* Trabajo Fin de Grado, Universidad Autónoma de Barcelona. https://ddd.uab.cat/pub/tfg/2017/179848/TFG_mlopezpla.pdf.

Lozano-Martínez, J., Castillo-Reche, I.S., Morales-Yago, F.J. (2022a). Los abordajes educativos de la violencia en la pareja adolescente. En E. Soriano, J. Lozano y C.A. Rey (eds.) *Violencia en las relaciones de noviazgo adolescente. Estrategias para el cambio* (pp. 92- 110). Narcea.

Lozano-Martínez, J., Castillo-Reche, I.S., Morales-Yago, F.J., & Ibáñez-López, F.J. (2022b). Control Violence Begins in Adolescent Dating: A Research from Students' Perception. *International Journal of Environmental Research and Public Health, 19(15),* 8974. https://doi.org/10.3390/ijerph19158974

Merino, E. (2018). *Sexismo, amor romántico y violencia de género en la adolescencia.* Ministerio de Sanidad, Consumo y Bienestar Social. https//violenciagenero.igualdad.gob.es/violenciaEncifras/estudios/Tesis/pdf/Tesis/pdfs/Tesis-4-Sexismo-Amor.pdf

Ministerio de Sanidad, Servicios Sociales e Igualdad (2013). *Estrategia Nacional para la erradicación de la violencia contra la mujer (2013-2016).* https://violenciagenero.igualdad.gob.es/planActuacion/estrategiaNacional/docs/EstrategiaNacionalCastellano.pdf

Narvaja, M.E. (2019). Sexting: percepciones de estudiantes tucumanos sobre motivaciones y riesgos. Ciencia, Docencia y Tecnología, 30(59), 127-147. https://www.redalyc.org/journal/145/14561215005/14561215005.pdf

Organización Mundial de la Salud, OMS (2002). *Informe mundial sobre la violencia y la salud.* https://www.refworld.org.es/category,REFERENCE,WHO,,,54aa900a4,0.html

Ramos, G.E.H., Muñoz, J.V.I., Ponce, V.M.V., & Cataño, C.R. (2020). Dependencia emocional y su relación con la violencia en parejas. Una aproximación descriptiva a la revisión de literatura. Desafíos, 11(2), e211-e211. https://doi.org/10.37711/desafios. 2020.11.2.211

Save the Children (2021). *Informe: "No es Amor".* https://www.savethechildren.es/actualidad/informe-no-es-amor

Tavares, A., Falcke, D., y Pereira, C. (2019). Sexting en la adolescencia: percepciones de los padres. Ciencias Psicológicas, 1(13), 19-31. https://doi.org/10.22235/cp.v13i1.1806

Capítulo 2. *Señales de alarma de la violencia en parejas adolescentes*

Boqué, C. (2023). *Hablemos de todo en paz.* Narcea.

Castillo, C. (2018). *Enséñame a Querer.* Guía para familias de adolescentes y jóvenes. Comunidad Autónoma de Murcia. Consejería de Familia e Igualdad de Oportunidades. Dirección General de Mujer e Igualdad de Oportunidades. https://

www.carm.es/web/pagina?IDCONTENIDO=17858&IDTIPO=246&RASTRO=
c890$m5859

Cerro, M., y Vives, M. (2019). Prevalencia de los mitos del amor romántico en jóvenes. *OBETS. Revista de Ciencias Sociales, 14*(2), 343-371. https://doi.org/10.14198/OBETS2019.14.2.03

Comunidad Autónoma de la Región de Murcia (2016). *Guía de actuación contra la violencia de género en el ámbito educativo.* https://igualdadyviolenciadegenero.carm.es/documents/202699/4328688/Gu%C3%ADa+de+actuaci%C3%B3n+contra+la+violencia+de+g%C3%A9nero+en+el+%C3%A1mbito+educativo/2df854b8-2979-4f9a-9bf5-fbeab3a71020

Dalouh, R., y Soriano, E. (2020). La educación en valores como prevención de la violencia en parejas adolescentes en entornos transculturales. *Publicaciones, 50*(1), 61-81. http://doi.org/10.30827/publicaciones.v50i1.15345

Dalouh, R., González A. J., y Rodríguez, D. (2023). Violencia en el noviazgo adolescente desde la perspectiva de los profesionales socioeducativos. Un estudio cualitativo. *Revista Complutense de Educación, 34*(3), 507-517. https://doi.org/10.5209/rced.79495

Díaz-Aguado, M.J., Martínez Arias, R., Martín Babarro, J., y Falcón, L. (2021). *La situación de la violencia contra las mujeres en la adolescencia en España.* Delegación del Gobierno contra la Violencia de Género. Ministerio de Igualdad. https://violenciagenero.igualdad.gob.es/violenciaEnCifras/estudios/investigaciones/2021/pdfs/Estudio_ViolenciaEnAdolescencia.pdf

Diputación de Alicante (2013). *Violencia de Género en Población Adolescente. Guía de Orientación para la Familia.* https://rua.ua.es/dspace/bitstream/10045/61450/1/111860975.pdf

Hernando-Gómez, Á., Maraver-López, P., y Pazos-Gómez, M. (2016). Experiencias positivas y negativas en relaciones de pareja de jóvenes y adolescentes. *Revista de Psicología (Santiago), 25*(2), 01-19. https://www.google.com/url?q=https://scielo.conicyt.cl/pdf/revpsicol/v25n2/art07.pdf&sa=D&source=docs&ust=1647972754390677&usg=AOvVaw1d3jNm5P1iLbnh1y_Iy4yJ

Juarros-Basterretxea, J., Overall, N., Herrero, J., & Rodríguez-Díaz, F.J. (2019). Considering the effect of sexism on psychological intimate partner violence: A study with imprisoned men. *The European Journal of Psychology Applied to Legal Context, 11*(2), 61–69. https://doi.org/10.5093/ejpalc2019a1.

Lozano-Martínez, J., Castillo-Reche, I.S. y Morales-Yago, F.J. (2022a). Los abordajes educativos de la violencia en la pareja adolescente. En E. Soriano, J. Lozano y Rey C.A. (Eds.), *Violencia en las relaciones de noviazgo adolescente. Estrategias para el cambio* (pp. 92- 110). Narcea.

Lozano-Martínez, J., Castillo-Reche, I.S., Morales-Yago, F.J. & Ibáñez-López, F.J. (2022b). Control Violence Begins in Adolescent Dating: A Research from Students' Perception. *International Journal of Environmental Research and Public Health, 19 (15).* 8974. https://doi.org/10.3390/ijerph19158974

Ministerio de Desarrollo Social (2021). *Noviazgos libres de violencia. Guía de trabajo 2021. Violencia digital.* Gobierno de Uruguay.

Nieves, Á. (2021). Análisis de la prevalencia de la violencia entre parejas adolescentes sufrida por estudiantes universitarios. En R. Grana (Ed.), *Discursos, mujeres y artes. ¿Construyendo o derribando fronteras?* (pp. 2426-2441). Dykinson.

Organización Mundial de la Salud (2021, 7 de marzo). *Violencia contra las mujeres, estimaciones para 2018 – Resumen*. https://iris.who.int/bitstream/handle/10665/349589/9789240027114spa.pdf?sequence=1

Paz Rodríguez, I., y Fernández, P. (2014). *El novio de mi hija la maltrata ¿Qué podemos hacer? Guía para madres y padres con hijas adolescentes que sufren violencia de género.* Instituto Andaluz de la Mujer Consejería de Igualdad, Salud y Políticas Sociales. https://www.juntadeandalucia.es/export/drupaljda/el_novio_de_mi_hija_la_maltrata.pdf.

Puche, S. (2021). *Camino en Igualdad. Guía teórica y práctica de Coeducación para el profesorado de Infantil y Primaria.* Ayuntamiento de Yecla. https://cendocps.carm.es/documentacion/2021_Guia_coeducacion_infantil_primaria_pdf

Rodríguez, R. (2015). Violencia en parejas jóvenes: estudio preliminar sobre su prevalencia y motivos. *Pedagogía Social. Revista Interuniversitaria, 25,* 251-275. https://www.redalyc.org/pdf/1350/135043709011.pdf

Rodríguez, E., Calderón, D., Kuric, S., y Sanmartín, A., (2021). *Barómetro Juventud y Género 2021. Identidades, representaciones y experiencias en una realidad social compleja.* Centro Reina Sofía sobre Adolescencia y Juventud, FAD. https://doi.org/10.5281/zenodo.5205628

Rodríguez, D, y Soriano, E. (2021). Violencia en las parejas adolescentes. Implicaciones del sexismo y la religión. *Interdisciplinaria. Revista de Psicología y Ciencias Afines, 1,* 41-56.

Rubio-Garay, F., Carrasco, M.A., & García-Rodríguez, B. (2019). Moral disengagement and violence in adolescent and young dating relationship: An exploratory study. *Revista Argentina de Clínica Psicológica, 28*(1), 22–31. https://doi.org/10.24205/03276716.2019.1089.

Save the Children. (2021). *No es amor. Un análisis sobre la violencia de género entre adolescentes.*https://www.savethechildren.es/sites/default/files/2021-10/Informe_No_es_amor_STC.pdf

Capítulo 3. *Los mitos del amor romántico en los adolescentes y su incidencia en la violencia del noviazgo*

Alberdi, I. (2004). Parejas y formas de convivencia de la juventud. *Revista de Estudios de Juventud, 67,* 13-23.

Banks, J. (1994) *Multiethnic education: Theory and practice.* Needham Heights. Ally and Bacon.

Barry, C y Madsen, S. (2010). *Friends and friendship in emerging adulthood. The Changing Spirituality of Emerging Adults.* Catholic University of America.

Bauman, Z. (2018). *Amor líquido. Acerca de la fragilidad de los vínculos humanos.* Paidós Ibérica.

Beall, A. E., y Sternberg, R. J. (1995). The social construction of love. *Journal of Social and Personal Relationships, 12*(3), 417-438.

Bennett, J. (1986) A developmental approach to training for intercultural sensitivity. *International Journal of Intercultural Relations, 10,* 179-195.

© narcea, s. a. de ediciones

Bennett, J. (1993) Towards ethnorelativism: A developmental model of intercultural sensitity. In M. Paige (ed.) *Education for the intercultural experience* (pp. 21-72). Intercultural Press.

Berscheid, E y Meyers, S. (1996). A social categorical approach to a question about love. *Personal Relationships, 3* (1), 19-43.

Berry, J.W. (1997) Immigration, acculturation, and adaptation. *Applied Psychology: An International Review, 46,* 5-68.

Bonilla, E., y Rivas, E. (2018). Propiedades psicométricas de la versión reducida de la Escala de Mitos sobre el Amor en una muestra de estudiantes colombianos. *Revista Suma Psicológica, 25*(2), 162-170. doi:http://dx.doi.org/10.14349/sumapsi.2018.v25.n2.8

Bonilla-Algovia, E. y Rivas-Rivero, E. (2020). Diseño y validación de la escala de Mitos del Amor Romántico. *Revista Iberoamericana de Diagnóstico y Evaluación Psicológica, 57*(4), 119-136.

Brar, P., Boat, A.A., y Brady, S.S. (2023). But he loves me: teens' comments about healthy and unhealthy romantic relationships. *Journal of Adolescent Research, 38*(4), 632-665.

Brenlla, M.E., Brizzio, A. y Carreras, A. (2004). Actitudes hacia el amor y apego. Psicodebate. *Psicología, Cultura y Sociedad, 4,* 7-23.

Brown, B.B., Feiring, C., y Furmon, W. (1999). Missing the love boat: Why researchers have shied away. En W. Furman, B. Brown y C. Feining, *The development of romantic relationships in adolescence* (pp. 1-18). Cambridge University Press.

Bustos, F. (2009). La génesis de las relaciones amorosas. Signos y significados en el cortejo de los estudiantes de bachillerato. *Sociogénesis Revista Electrónica de Sociología, 1,* 1-16.

Cabrera, F., Espín, J., Marín, M.A., y Rodriguez, M. (2000) Diagnóstico a la identidad étnica y a la aculturación, en M. Bartolomé y otros, *La construcción de la identidad en contextos multiculturales* (pp. 21-120). CIDE.

Cid, F.M. (2011). Los cuatro componentes de la relación de pareja. *Revista Electrónica de Psicología Iztacala, 14*(1), 321.

Christensen, C.P. (1995) Cross-Cultural awareness: A development process in a multicultural and multiracial society. *Multiculturalism Interculturalisme, 16* (1), 4-8.

Collins, W.A., Welsh, D.P., y Furman, W. (2009). Adolescent romantic relationships. *Annual Review of Psychology, 60,* 631-652.

Connolly, J., y McIsaac, C. (2008). Adolescent romantic relationships: Beginnings, endings, and psychosocial challenges. *International Society for the Study of Behavioral Development Newsletter, 32,* 1-5.

Cortés, M.L., Bringas, C., Rodríguez-Franco, L., Flores, M., Ramiro-Sánchez, T., y Rodríguez, F.J. (2014). Unperceived dating violence among Mexican students. *International Journal of Clinical and Health Psychology, 14,* 39-47. https:// doi.org/10.1016/S1697-2600(14)70035-3

Corrigan, P.W., y Phelan, S.M. (2004). Social support and recovery in people with serious mental illnesses. *Community Mental Health Journal, 40*(6), 513-523.

Coyne, S.M., Davis, E., Warburton, W., Stockdale, L., Abba, I., y Busby, D.M. (2021). Mirror, mirror on the wall: The effect of listening to body positive music on implicit and explicit body esteem. *Psychology of Popular Media, 10*(1), 2–13. https://doi.org/10.1037/ppm0000273

Ferrer, V.A., Bosch, E., y Navarro, C. (2010). Los mitos románticos en España. *Boletín de Psicología* (99), 7-31.

Ferrer, V., y Bosch, E. (2013). Del amor romántico a la violencia de género: Para una coeducación emocional en la agenda educativa. *Profesorado. Revista de Currículum y Formación de Profesorado, 17*(1),105-122.

Forenza, B., Bermea, A., y Rogers, B. (2018). Ideals and reality: Perceptions of healthy and unhealthy relationships among foster youth. *Child and Adolescent Social Work Journal, 35*(3), 221–230. https:// doi.org/10.1007/s10560-017-0523-3

Furman, W. (1999). Friends and lovers: The role of peers relationships in adolescent heterosexual romantic relationships. In W.A. Collins and B. Laursen (Eds.), *Relationships as developmental contexts: Minnesota Symposium on Child Development.* (Vol.30). Lawrence Erlbaum Associates.

Furman, W., y Shaffer, L. (2003). The role of romantic relationships in adolescent development. In P. Florsheim (Ed.), *Adolescent romantic relations and sexual behavior: Theory, research, and practical implications* (pp. 3-22). Lawrence Erlbaum Associates Publishers.

Furman, W., y Simon, V.A. (1999). Cognitive representations of adolescent romantic relationships. En W. Furman, B Brown y C. Feining, *The development of romantic relationships in adolescence* (pp.75-98). Cambridge University Press.

Furman, W. y Winkles, J.K. (2012). Transformations in heterosexual romantic relationships across the transition into adulthood. In B. Laursen, W. A. Collins, *Relationship Pathways: From Adolescence to Young Adulthood* (pp. 191-213). Sage.

García Faroldi, L., y Ayuso Sánchez, L. (2013). La sexualidad en la sociedad española: estudio de la "brecha generacional". XI Congreso Español de Sociología, julio de 2013, Madrid.

García-Serrán, H. (2014). Los amigos con beneficios: Comparativa con las relaciones románticas y las relaciones casuales entre adultos. Tesis Doctoral. Universidad de Almería.

Garrido, M.C., y Barceló, M.V. (2019). Prevalencia de los mitos del amor romántico en jóvenes. *OBETS: Revista de Ciencias Sociales, 14*(2), 343-371.

Giddens, A. (2001). *Sociología.* Alianza Editorial.

Girona, J.R. (2008). Ni contigo ni sin ti: Cambios y transformaciones en los roles de género y las formas de convivencia. En A. Téllez y J.E. Martínez, *Sexualidad, Género, Cambio De Roles y Nuevos Modelos De Familia,* (pp.13-31). Universidad Miguel Hernández.

Hatfield, E., Luckhurst, C., y Rapson, R.L. (2010). Sexual motives: Cultural, evolutionary, and social psychological perspectives. *Sexuality y Culture, 14*(3), 173-190.

Hatfield, E., Rapson, R.L., y Martel, L.D. (2007). Passionate love and sexual desire. In S. Kitayama & D. Cohen (Eds.), *Handbook of cultural psychology* (pp. 760-779). The Guilford Press.

Herrera, M. (2008). La categoría de género y la violencia contra las mujeres. En E. Aponte Sánchez y M.L. Femenías (Coords.), *Articulaciones sobre la violencia contra las mujere.* (pp. 55-73). EDULP. https://www.memoria.fahce.unlp.edu.ar/libros/pm.5425/pm.5425.pdf

Herrera, C. (2010). *La construcción sociocultural del amor romántico.* Fundamentos.

Jiménez F.A. (2021). *Mitos del amor romántico: Prevención e intervención en adolescentes. Una revisión bibliográfica.* Universidad de Cádiz.

Jorgensen-Well, M.A., Coney, S.A. y Pickett, J. (2022). "Love lies": A content analysis of romantic attachment style in popular music. *Psychology of Music, 51*(3), 804-819.

Karandashev, V. (2017). *Romantic love in cultural contexts.* Springer. https://doi.org/10.1007/978-3-319-42683-9

Karandashev, V. (2019). *Cross-cultural perspectives on the experience and expression of love.* Springer. https://doi.org/10.1007/978-3-030-15020-4

Lara, L., y Gómez-Urrutia, V. (2019). Development and validation of the Romantic Love Myths questionnaire. *Journal of Interpersonal Violence, 36*(21-22), NP12342-NP12359.

Mcallister, G. e Irvine, J.J (2000) Cross Cultural Competency and Multicultural Teacher Education. *Review of Educational Research. 70*(1), 3-24.

Manning, W. D., Longmore, M. A., y Giordano, P. C. (2005). Adolescents' involvement in non-romantic sexual activity. *Social Science Research, 34,* 384-407.

Martínez-Plana, M. (2004). Entre velas y rosas: Algunas dimensiones del amor romántico. *Revista De Ciencias Sociales, (13),* 8-27.

Merino, E, (2018). *Sexismo, Amor Romántico y Violencia de Género en la Adolescencia.* Ministerio de Sanidad, Consumo y Bienestar Social.

Moreira, Q.B., Goncalves, S., Njaine, K., y De Oliveira, T. (2016). Violência física perpetrada por Ciúmes no namoro de Adolescentes: Um recorte de Gênero em dez Capitais brasileiras. *Psicología: Teoría e Pesquisa, 32*(3), 1-12.

Nadi-Rodríguez, A., Pastor-Mira, M.A. López-Roig, S. y Ferrer-Pérez, V. (2018). Identifying beliefs behind boys' use of mobile phones to monitor girlfriends and girls' acceptance: A reasoned-action approach. *Journal of Youth Studies, 21*(7) (2018), 922-939.

Peña, E.M., Ramos, E., Luzón, J.M. y Recio, P. (2011). *Sexismo y violencia de género en la juventud andaluza: resultados y recomendaciones.* Instituto Andaluz de la Mujer. Consejería para la Igualdad y Bienestar Social. Junta de Andalucía.

Pérez, J. y Gardey, A. (2021). *Definición de relación de pareja.* https://definicion.de/relacion-de-pareja/

Peterson, C. (2014). *Looking forward through the lifespan: Developmental psychology.* Pearson Education.

Puyana, Y., y Ramírez, M.H. (2007). *Familias, cambios y estrategias.* Alcaldía Mayor De Bogotá DC-Universidad Nacional De Colombia. Facultad De Ciencias Humanas. Departamento De Trabajo Social. CES.

Repullo, C.R. (2011). *Un análisis sociológico sobre el amor romántico como posible factor de riesgo en la adolescencia.* I Congreso Internacional de educación para la igualdad: Género y sexualidades (pp. 127-135).. Universidad de Granada. Granada.

Riesgo, N., Fernández-Suarez, A., Herrero, J. B., Rejano-Hernández, L., Rodríguez-Franco, L., Paino-Quesada, S.G., y Rodríguez-Díaz, F.J. (2019). Concordancia en la percepción de conductas violentas en parejas adolescentes. *Terapia Psicológica, 37*(2), 154-165. http://dx.doi.org/10.4067/S0718-48082019000200154

Ruiz-Palomino, E., Ballester-Arnal, R., Giménez-García, C. y Gil-LLario, M.D. (2021). Influence of beliefs about romantic love on the justification of abusive behaviors among early adolescents. *Journal of Adolescence, 92*, 126-136.

Sánchez-Hernández, M.D., Herrera-Enriquez, M.C., y Exposito, F. (2020). Controlling behaviors in couple relationships in the digital age: Acceptability of gender violence, sexism, and myths about romantic love. *Psychosocial Intervention, 29*(2), 67-81. https://doi.org/10.5093/pi2020a1

Smetana, J.G., Campione-Barr, N., y Metzger, A. (2006). Adolescent development in interpersonal and societal contexts. *Annual Review of Psychology, 57*, 255-284.

Soldevila, A., Domínguez, A., Giordano, R., Fuentes, S., y Consolini, L. (2012). ¿Celos, amor, culpa o patología? Cómo perciben la violencia de género en sus relaciones de pareja los/as estudiantes de Trabajo Social. *Actas del 2° Congreso Interdisciplinario sobre Género y Sociedad: "Lo personal es político", 1*(1).

Tienda, M., Villalta,S., Goldberg, R. y Koffman, D. (2023). Adolescents' Love Lives: Heterogeneity in Relationship Status Trajectories and Links with Affect. *Journal of Younth and Adolescence, 52*, 1325–1339

Víllora, B., Navarro, R., y Yubero, S. (2019). Abuso online en el noviazgo y su relación con el abuso del móvil, la aceptación de la violencia y los mitos sobre el amor. *Revista Suma Psicológica, 26*(1), 46-54. https://doi.org/10.14349/sumapsi.2019.v26.n1.6

VVAA (2002), *Mediación intercultural. Una propuesta para la formación.* Editorial Popular.

Wainstein, M., y Wittner, V. (2003). Enfoque psicosocial de la pareja aproximaciones desde la terapia de la comunicación y la terapia de solución de problemas. *Psicodebate. Psicología, Cultura y Sociedad,* 131-144.

Yela, C. (1998). Diferencias entre sexos en comportamiento amoroso y sexual. *Revista De Psicología General y Aplicada: Revista De La Federación Española De Asociaciones De Psicología, 51*(1), 115-147.

Yela, C. (2003). La otra cara del amor: Mitos, paradojas y problemas. *Encuentros En Psicología Social, 1*(2), 263-267.

Yela, C. (2006). The evaluation of love: Simplified version of the scales for yela's tetrangular model based on sternberg's model. *European Journal of Psychological Assessment, 22*(1), 21-27. https://doi.org/10.1027/1015-5759.22.1.21

Capítulo 4. *Deconstrucción de roles de género y nuevas masculinidades*

Abasolo, O., y Montero, J. (2012). *Guía didáctica de ciudadanía con perspectiva de género. Igualdad en la diversidad.* Fuhem Social.

Alvariñas-Villaverde, M., y Pazos-González, M. (2018). Estereotipos de género en Educación Física, una revisión centrada en el alumnado. *Revista Electrónica de Investigación Educativa, 20*(4), 154-163. https://doi.org/10.24320/redie.2018.20.4.1840

Avidad, M.M., y López, A. (2020). ¿Nuevas o viejas masculinidades?: El rol masculino dominante entre los adolescentes españoles. *RES. Revista Española de Sociología*, *29*(3), 171-189. https://doi.org/10.22325/fes/res.2020.63

Azpiazu, J. (2017). *Masculinidades y feminismos.* Virus.

Azorín, C.M. (2017). Actitudes hacia la igualdad de género en una muestra de estudiantes de Murcia. *Revista Complutense de Educación, 28*(1), 45-60. https://doi.org/10.5209/rev_RCED.2017.v28.n1.48715

Castillo-Mayén, R., y Montes-Berges, B. (2014). Análisis de los estereotipos de género actuales. *Anales de Psicología, 30*(3), 1044-1060. https://doi.org/10.6018/analesps.30.3.138981

Chiodi, A., Fabbri, L., y Sánchez, A. (2019). *Varones y masculinidad (es). Herramientas pedagógicas para facilitar talleres con adolescentes y jóvenes.* Instituto de Masculinidades y Cambio Social.

De la Osa, Z., Andrés, S., y Pascual, I. (2013). Creencias adolescentes sobre la violencia de género. Sexismo en las relaciones entre adolescentes. (Beliefs about gender violence. Sexism in adolescent relationships). *European Journal of Investigation in Health, Psychology and Education, 3*(3), 265-275. https://doi.org/10.1989/ejihpe.v3i3.49

Delgado-Álvarez, M.C., Sánchez-Gómez, M.C., y Fernández-Dávila, P.A. (2012). Atributos y estereotipos de género asociados al ciclo de violencia contra la mujer. *Universitas Psychologica, 11*(3), 769-777.

Galaso, S. (2019). Relación entre el sexismo benevolente, autocosificación y autoeficacia en mujeres jóvenes españolas y latinoamericanas. [Trabajo Fin de Máster, Universidad Pontificia Comillas de Madrid]. https://repositorio.comillas.edu/xmlui/handle/11531/53813

Leal, D., Szil, P., Lozoya, J.A., y Bonino, L. (2010). *Algunas sugerencias para impulsar grupos de hombres igualitarios.* Algunas sugerencias para impulsar grupos de hombres igualitarios. *Emakunde.*

León, C.M., y Aizpurúa, E. (2020). ¿Persisten las actitudes sexistas en los estudiantes universitarios? Un análisis de su prevalencia, predictores y diferencias de género. *Educación XX1, 23*(1), 275-296. https://doi.org/10.5944/educxx1.23629

Ministerio de Desarrollo Social. (2021). *Noviazgos libres de violencia. Guía de trabajo 2021.* Gobierno de Uruguay. https://www.gub.uy/ministerio-desarrollo-social/comunicacion/campanas/noviazgos-libres-violencia-0#

Muller, M. (2021). Masculinidades y trabajo social. Una aproximación teórica para nuevas intervenciones sociales y reivindicaciones profesionales. *Itinerarios de Trabajo Social,* (1), 23-30. https://raco.cat/index.php/itinerariosts/article/view/385535

Rebollo-Catalán, A., Ruiz-Pinto, E., y García-Pérez, R. (2017). Preferencias relacionales en la adolescencia según el género. *Revista Electrónica de Investigación Educativa, 19* (1), 58-72. https://www.redalyc.org/pdf/155/15549650006.pdf

Save the Children (2021). *No es amor. Un análisis sobre la violencia de género entre adolescentes.* https://www.savethechildren.es/sites/default/files/2021-10/Informe_No_es_amor_STC.pdf

Villanueva, V.J., y Grau-Alberola, E. (2019). Diferencias por sexo y edad en la interiorización de los estereotipos de género en la adolescencia temprana y media. *Electronic Journal of Research in Educational Psychology, 17*(47), 106-128. https://doi.org/10.25115/ejrep.v17i47.2184

Capítulo 5. *Afrontamiento de la violencia relacional* online *y* offline *en las relaciones de noviazgo adolescente*

Ainsworth, M.D.S. (1989). Attachments beyond infancy. *American Psychologist, 44*(4), 709–716. https://doi.org/10.1037/0003-066X.44.4.709

Bandera, J.F.M., & Muñoz, J.L.B. (2017). Incidencia de la violencia en la pareja en una muestra de adolescentes universitarios españoles. *Revista Argentina de Clínica Psicológica, 26*(2), 183-193.

Bowlby, J. (1982). Attachment and loss: Retrospect and prospect. *American Journal of Orthopsychiatry, 52*(4), 664–678. https://doi.org/10.1111/j.1939-0025.1982.tb01456.x

Brodeur, G., Fernet, M., Hébert, M., & Wekerle, C. (2023). Adapting adolescent dating violence prevention interventions to victims of child sexual abuse. *Health Promotion Practice, 24*(4), 694-705.

Cala, V.C., & Gil, M.D.C.M. (2022). Ciberviolencia en la pareja adolescente: análisis transcultural y de género en centros de secundaria. *Bordón: Revista de Pedagogía, 74*(2), 11-30.

Catanzaro, M.F. (2011). Indirect aggression, bullying and female teen victimization: A literature review. *Pastoral Care in Education, 29*(2), 83-101.

Corradi, C. (2020). *Sociología de la violencia: identidad, modernidad, poder* (Vol. 26). Universidad de Zaragoza.

Crick, N.R., & Grotpeter, J.K. (1995). Relational aggression, gender, and social-psychological adjustment. *Child development, 66*(3), 710-722. https://doi.org/10.1111/j.1467-8624.1995.tb00900.x

Duru, E., Balkis, M., & Turkdoğan, T. (2019). Relational violence, social support, self-esteem, depression and anxiety: A moderated mediation model. *Journal of Child and Family Studies, 28*, 2404-2414.

Espelage, D.L., & Swearer, S.M. (2003). Research on School Bullying and Victimization: What Have We Learned and Where Do We Go from Here? *School Psychology Review, 32*(3), 365–383.

Esteban, M.L. (2011). *Crítica del pensamiento amoroso*. Bellaterra.

Harlow, H. F., & Harlow, M. K. (1969). Effects of various mother infant relationships on rhesus monkey behaviors. In B. M. Foss (Ed.), *Determinants of infant behavior IV* (pp. 15–36). Methuen.

Holfeld, B., & Leadbeater, B.J. (2015). The nature and frequency of cyber bullying behaviors and victimization experiences in young Canadian children. *Canadian Journal of School Psychology, 30*(2), 116-135.

Lee, T.Y., & Lok, D.P. (2012). Bonding as a positive youth development construct: A conceptual review. *The Scientific World Journal.*

López-Barranco, P.J., Jiménez-Ruiz, I., Leal-Costa, C., Andina-Díaz, E., López-Alonso, A.I., & Jiménez-Barbero, J.A. (2022). Violence in dating relationships: validation of the CADRI Questionnaire in a young adult population. *International Journal of Environmental Research and Public Health, 19*(17), 11083.

Lunneblad, J., & Johansson, T. (2021). Violence and gender thresholds: A study of the gender coding of violent behaviour in schools. *Gender and Education, 33*(1), 1-16. https://doi.org/10.1080/09540253.2019.1583318

Lyndon, A., Bonds-Raacke, J., & Cratty, A.D. (2011). College students' Facebook stalking of ex-partners. *Cyberpsychology, Behavior, and Social Networking, 14*(12), 711-716.

Morelli, M., Bianchi, D., Chirumbolo, A., & Baiocco, R. (2018). The cyber dating violence inventory. Validation of a new scale for online perpetration and victimization among dating partners. *European Journal of Developmental Psychology, 15*(4), 464-471.

Moretti, M.M., & Peled, M. (2004). Adolescent-parent attachment: Bonds that support healthy development. *Paediatrics & Child Health, 9*(8), 551-555.

Robinson, R.A., Ryder, J.A. (2016) 'Constant Violence from Everywhere': Psychodynamics of Power and Abuse amongst Rural and Small-Town Youth. *Critical Criminology, 22*, 545-560.

Rodríguez-deArriba, M.L., Nocentini, A., Menesini, E., & Sánchez-Jiménez, V. (2021). Dimensions and measures of cyber dating violence in adolescents: A systematic review. *Aggression and Violent behavior, 58*, 101613.

Segato, R. (2003). *Las estructuras elementales de la violencia*. Prometeo Libros.

Soriano-Ayala, E., Bonillo Díaz, M., & Cala, V. (2023). TikTok and Child Hyper-sexualization: Analysis of Videos and Narratives of Minors. *American Journal of Sexuality Education, 18*(2), 210-230.

Vasallo, B, Egaña, L y Fernández, E. (2017c). "Mi cuerpo es un campo de batalla" Políticas del deseo Centro de Cultura Contemporánea de Barcelona. http://www.cccb.org/es/multimedia/videos/mi-cuerpo-es-un-campo-debatalla/225918

Capítulo 6. *Las ciberviolencias en las parejas jóvenes y adolescentes*

Albertín, P. (2016). Abriendo puertas y ventanas a una perspectiva psicosocial feminista: Análisis sobre la violencia de género. *Psicoperspectivas, 16*(2), 79-90.

Blanco, M. (2014). Implications of The Use of Social Networks in the Increase of Gender Violence in Teenagers. *Revista Comunicación y Medios, 30*, 124-141.

Bennett, D.C., Guran, E.L., Ramos, M.C., y Margolin, G. (2011). College students' electronic victimization in friendships and dating relationships: Anticipated distress and associations with risky behaviors. *Violence and Victims, 26*(4), 410-429. https://doi.org/10.1891/0886-6708.26.4.410

Bhogal, M.S., Rhead, C., y Tudor, C. (2019). Understanding digital dating abuse from an evolutionary perspective: Further evidence for the role of mate value discrepancy. *Personality and Individual Differences, 151*(August), 109552. https://doi.org/10.1016/j.paid.2019.109552

Borrajo, E., Gámez-Guadix, M., y Calvete, E. (2015a). Cyber dating abuse: Prevalence, context, and relationship with offline dating aggression. *Psychological Reports, 116*(2), 565-585. https://doi.org/10.2466/21.16.PR0.116k22w4

Borrajo, E., Gámez-Guadix, M., y Calvete, E. (2015b). Justification beliefs of violence, myths about love and cyber dating abuse. *Psicothema, 27*(4), 327-333. https://doi.org/10.7334/psicothema2015.59

Borrajo, E., Gámez-Guadix, M., Pereda, N., y Calvete, E. (2015). The development and validation of the cyber dating abuse questionnaire among young couples. *Computers in Human Behavior, 48*, 358-365. https://doi.org/10.1016/j.chb.2015.01.063

Burke, S.C., Wallen, M., Vail-Smith, K., y Knox, D. (2011). Using technology to control intimate partners: An exploratory study of college undergraduates. *Computers in Human Behavior, 27*(3), 1162-1167. https://doi.org/10.1016/j.chb.2010.12.010

Cabo Isasi, A., y García Juanatey, A. (2017). *El discurso del odio en las redes sociales: Un estado de la cuestión.* Ajuntament de Barcelona progress report. https://bit.ly/3hkiGWS

Caro García, C., y Monreal Gimeno, M.C. (2017). Creencias del amor romántico y violencia de género. *International Journal of Developmental and Educational Psychology. Revista INFAD de Psicología., 2*(1), 47. https://doi.org/10.17060/ijodaep.2017.n1.v2.917

Corcoran, L., Guckin, C., y Prentice, G. (2015). Cyberbullying or cyber aggression? A review of existing definitions of cyber-based peer-to-peer aggression. *Societies, 5*(2), 245-255. https://doi.org/10.3390/soc5020245

De Miguel, V. (2015). Macroencuesta de violencia violencia contra la mujer 2015. Ministerio de Sanidad, Servicios Sociales e Igualdad.

Fernet, M., Lapierre, A., Hébert, M., y Cousineau, M.-M. (2019). A systematic review of literature on cyber intimate partner victimization in adolescent girls and women. *Computers in Human Behavior, 100*(May), 11-25. https://doi.org/10.1016/j.chb.2019.06.005

Ferrer Pérez, V., y Bosch Fiol, E. (2013). Del amor romántico a la violencia de género. Para una coeducación emocional en la agenda educativa. *Profesorado. Revista de Currículum y Formación de Profesorado, 17*(1), 105-122. h

Ferrer, V.A., Bosch, E., Navarro, C., (2010). *Los mitos románticos en España. Boletín de Psicología, 99*, 7-31.

Gámez-Guadix, M., Borrajo, E., y Calvete, E. (2018). Abuso, control y violencia en la pareja a través de internet y los smartphones: características, evaluación y prevención. *Papeles del Psicólogo, 39*(3), 218-227. https://doi.org/10.23923/pap.psicol2018.2874

García-Cueto, E., Rodríguez-Díaz, F.J., Bringas-Molleda, C., López-Cepero, J., Paíno-Quesada, S., y Rodríguez-Franco, L. (2015). Development of the gender role attitudes scale (GRAS) amongst young Spanish people. *International Journal of Clinical and Health Psychology, 15*(1), 61-68. https://doi.org/10.1016/j.ijchp.2014.10.004

Glick, P., y Fiske, S.T. (1996). The Ambivalent Sexism Inventory: Differentiating hostile and benevolent sexism. *Journal of Personality and Social Psychology, 70*(3), 491-512. https://doi.org/10.1037/0022-3514.70.3.491

González-Méndez, R. y Santana, J.D. (2001) La violencia en las parejas jóvenes. *Psicothema, 13*(1) 127-131.

Herrera, C. (2009). La construcción sociocultural de la realidad, el género y el amor romántico. (Tesis, Universidad Carlos III de Madrid, España. Director Gerard Imbert).

Heirman, W., y Walrave, M. (2008). Assessing concerns and issues about the mediation of technology in cyberbullying. *Cyberpsychology: Journal of Psychosocial Research on Cyberspace, 2*(2), 1-12.

Hertlein, K.M., y Blumer, M.L.C. (2013). The Couple and Family Technology Framework. En *The Couple and Family Technology Framework* (First). https://doi.org/10.4324/9780203081815

Hinduja, S., y Patchin, J.W. (2011). *Electronic Dating Violence A Brief Guide for Educators and Parents. Cyberbullying Research Center.* https://cyberbullying.org/electronic_dating_violence_fact_sheet.pdf

Jabaloyas, C. (2015). Las TIC como factor de riesgo de la violencia en parejas adolescentes. *Criminología y Sociedad, 4*, 211-264.

Jaen-Cortés, C.I., Rivera-Aragón, S., Reidl-Martínez, L.M., y García-Méndez, M. (2017). Violencia de pareja a través de medios electrónicos en adolescentes mexicanos [Violence in teenage mexican couples through electronic/social media]. *Acta de Investigación Psicológica, 7*(1), 2593-2605. https://doi.org/10.1016/j.aipprr.2017.01.001

Lameiras Fernandez, M., Carrera Fernandez, M.V., y Rodriguez Castro, Y. (2007). Intervención y evaluación de un programa de educación afectivo-sexual en la escuela para padres y madres de adolescentes. *Diversitas, 3*(2), 191-202. https://doi.org/10.15332/s1794-9998.2007.0002.01

Larios Gómez, E., Giuliani, A.C., y Monteiro, T.A. (2019). El Impacto de las TIC en el Millennial: México-Brasil-Colombia. *FACE: Revista de la Facultad de Ciencias Económicas y Empresariales, 19*(1). https://doi.org/10.24054/01204211.v1.n1.2019.3499

Lewis, S., Travea, L., y Fremouw, W. (2002). Characteristics of Female Perpetrators and Victims of Dating Violence. *Violence and Victims, 17*, 593-606. https://doi.org/10.1891/vivi.17.5.593.33711

Lyndon, A., Bonds-Raacke, J., y Cratty, A.D. (2011). College students' Facebook stalking of ex-partners. *Cyberpsychology, Behavior, and Social Networking, 14*(12), 711-716. https://doi.org/10.1089/cyber.2010.0588

Marganski, A. (2013). Virtual relationship violence and perspectives on punishment: Do gender or nationality matter? *Future Internet, 5*(3), 301-316. https://doi.org/10.3390/fi5030301

Marganski, A., y Melander, L. (2018). Intimate partner violence victimization in the cyber and real world: Examining the extent of cyber aggression experiences and its association with in-person dating violence. *Journal of Interpersonal Violence, 33*(7), 1071-1095. https://doi.org/10.1177/0886260515614283

Palmetto, N., Davidson, L., Breitbart, V., y Rickert, V. (2013). Predictors of Physical Intimate Partner Violence in the Lives of Young Women: Victimization,

Perpetration, and Bidirectional Violence. *Violence and Victims, 28*, 103-121. https://doi.org/10.1891/0886-6708.28.1.103

Ramos-Soler, I., López-Sánchez, C., y Torrecillas-Lacave, T. (2018). Percepción de riesgo online en jóvenes y su efecto en el comportamiento digital. *Comunicar, 26*(56), 71-79. https://doi.org/10.3916/C56-2018-07

Rodríguez Castro, Y., Lameiras Fernández, M., y Carrera Fernández, M.V. (2009). Validación de la versión reducida de las escalas ASI y AMI en una muestra de estudiantes españoles. *Psicogente, 12*(22), 284-295. https://www.redalyc.org/articulo.oa?id=497552354003

Rodríguez-Domínguez, C., Pérez-Moreno, P.J., y Durán, M. (2020). Ciberviolencia en las relaciones de pareja: una revisión sobre su metodología de investigación. *Anales de Psicologia, 36*(2), 200-209. https://doi.org/10.6018/analesps.370451

Sánchez, V., y Lucio, L.A. (2017). Ciberagresión en parejas adolescentes: un estudio transcultural España-México [Cyber-aggression in adolescent couples: a cross-cultural study Spain-Mexico]. *Revista Mexicana de Psicología, 34*(1), 46-54. https://www.researchgate.net/publication/315101298

Sardinha, L., Maheu-Giroux, M., Stöckl, H., Meyer, S. R., y García-Moreno, C. (2022). Global, regional, and national prevalence estimates of physical or sexual, or both, intimate partner violence against women in 2018. *The Lancet, 399*(10327), 803-813. https://doi.org/10.1016/S0140-6736(21)02664-7

Stith, S., Smith, D., Penn, C., Ward, D., y Tritt, D. (2004). Intimate partner physical abuse perpetration and victimization risk factors: A meta-analytic review. *Aggression and Violent Behavior, 10*, 65-98. https://doi.org/10.1016/j.avb.2003.09.001

Torrecillas-Lacave, T., Vázquez-Barrio, T., y Monteagudo-Barandalla, L. (2017). The perception of parents about the digital empowerment of family in hyperconnected households. *Profesional de la Informacion, 26*(1), 97-104. https://doi.org/10.3145/epi.2017.ene.10

Villora, B., Yubero, S., y Navarro, R. (2019a). Abuso online en el noviazgo y su relación con el abuso del móvil, la aceptación de la violencia y los mitos sobre el amor [Cyber dating abuse and its association with mobile abuse, acceptance of violence and myths of love]. *Suma Psicológica, 26*(1), 46-54. https://doi.org/10.14349/sumapsi.2019.v26.n1.6

Villora, B., Yubero, S., y Navarro, R. (2019b). Cyber dating abuse and masculine gender norms in a sample of male adults. *Future Internet, 11*(4). https://doi.org/10.3390/FI11040084

World Health Organization (WHO) (2018). Violence against women prevalence estimates, 2018. *World Report on Violence and Health.* https://www.who.int/publications/i/item/9789240022256

Zweig, J.M., Dank, M., Yahner, J., y Lachman, P. (2013). The rate of cyber dating abuse among teens and how it relates to other forms of teen dating violence. *Journal of Youth and Adolescence, 42*(7), 1063-1077. https://doi.org/10.1007/s10964-013-9922-8

© narcea, s. a. de ediciones

Capítulo 7. *La prevención de la violencia intragénero en las relaciones de parejas adolescentes de igual género*

Alises, C. (2020) *Guía rápida para víctimas de violencia intragénero durante la vigencia del Estado de Alarma. Ministerio de Igualdad.* Gobierno de España.

Lagar, J.M (2017) *Violencia intragénero: proyecto de investigación sobre la prevalencia y los factores asociados a la ejecución del maltrato.* [Monografía]. https://gredos.usal.es/ bitstream/handle/10366/133455/TFG_LagMenJM_Violencia.pdf?sequence=1

Ley Orgánica 1/2004, de 28 de diciembre de 2004, de Medidas de Protección Integral contra la Violencia de Género.

Mijika, I. (2012). *Por los buenos tratos en las relaciones lésbicas y homosexuales. Informe para la inclusión de la perspectiva LGTB en los planteamientos sobre violencia de género: Propuestas para el debate.* ALDARTE.

Ministerio de Igualdad (2021) *Prácticas de reparación de violencias machistas. Análisis y propuestas.* Ministerio de Igualdad. Gobierno de España.

Ortega, A. (2014). *Agresión en parejas homosexuales en España y Argentina: prevalencias y heterosexismo.* Universidad Complutense de Madrid.

Ruiz, O. (19 de enero de 2020) Maltrato Silenciado. Violencia intragénero, la diminuta matrioska. *El Periódico.* Htpps://www.elperiodico.com.

Capítulo 8. *Factores étnico-culturales asociados a la violencia en la pareja adolescente*

Ares Mateos, A. (2020). Integración e identidad: un proyecto hacia la cohesión social. *Pensamiento, 76*(288), 53-73. https://dialnet.unirioja.es/servlet/articulo?codigo= 7412233

Belkat, S. (2021). *Integración de alumnas marroquíes en el sistema educativo andaluz: ser mujer entre dos mundos.* Universidad de Cádiz.

Courtain, A., y Glowacz, F. (2021). Exploración de la violencia en el noviazgo y las actitudes relacionadas entre adolescentes y adultos emergentes. *Revista de Violencia Interpersonal, 36*(5-6), NP2975-NP2998.

Cuevas, C.A., Sabina, C., Fahlberg, A., Espinola, M. (2021). The Role of Cultural Factors on Dating Aggression and Delinquency Among Latino Youth. *Interpersonal Violence, 36*(3-4). doi: 10.1177/0886260518755486.

Dalouh Ounia, R. (2022). Pertenencia étnica y violencia en parejas adolescentes desde un enfoque transcultural. En E. Soriano Ayala, J. Lozano Martínez y C. Armando Rey Anacona (Eds.), *Violencia en las relaciones de noviazgo adolescente y estrategias para el cambio* (pp.121-136). Narcea.

Dalouh, R. y Soriano-Ayala, E. (2020). La educación en valores como prevención de la violencia en parejas adolescentes en entornos transculturales. *Publicaciones, 50*(1). https://doi.org/10.30827/publicaciones.v50i1.15345

Debnam, K.J. y Temple, J.R. (2021). Dating Matters and the Future of Teen Dating Violence Prevention. *Prev Sci.*, 22(2), 187-192. https://doi.org/10.1007/s11121-020-01169-5

DeRose, L. Johnson, B. R., y Wang, W. (2012). Religion, Intimate Partner Violence, and Infidelity. In W.B. Wilcox, L. DeRose y J.S. Carroll (Eds.), *World Family Map 2019* (pp. 30-39). Institute for Family Studies.

Díaz-Aguado, M.J. y Carvajal, M.I. (2011). *Igualdad y prevención de la violencia de género en la adolescencia y la Juventud.* Ministerio de Sanidad, Igualdad y Servicios Sociales.

Edwards C, Bolton R, Salazar M, et al. (2022). Young people's constructions of gender norms and attitudes towards violence against women: A critical review of qualitative empirical literature. *Journal of Gender Studies.* Epub ahead of print 2 September. https://doi.org/10.1080/09589236.2022.2119374

Edwards, K.M., Camp, E.A, Wheeler, L., Chen,D., Waterman, E.A., y Banyard, A, V.L. (2023). Latent Transition Model of the Effects of a Youth-Led Sexual Violence Prevention Initiative on Victimization and Perpetration Trajectories Over Time, *Journal of Adolescent Health,72* (6), 977-984. https://doi.org/10.1016/j.jadohealth.2023.01.009

Emezue, C.N., Dougherty, D.S., Enriquez, M., Bullock, L., Bloom, T.L.(2022). Perceptions of Risk for Dating Violence Among Rural Adolescent Males: An Interpretive Analysis. *Am J Mens Health,16*(5). doi: 10.1177/15579883221126884

Espelage, D. ., Ingram, K. ., Hong, J. ., y Merrin, G. . (2022). Bullying as a developmental pre-cursor to sexual and dating violence across adolescence: decade in review. *Trauma, Violence, y Abuse, 23*(4),1358-1370.

Espelage, D. ., Leemis, R. W., Niolon, P., Kearns, M., Basile, K. ., y Davis, J. (2020). Teen dating violence perpetration: Protective factor trajectories from middle to high school among adolescents. *Journal of Research on Adolescence, 30*(1), 170-188. https://doi.org/10.1111/jora.12510

Fernández, L., Rodríguez, L., Molleda, C. y Rodríguez, F. (2015). Relaciones de noviazgo en jóvenes. Maltrato y religión. *Infancia, Juventud y Ley, 6*, 44-50.

Fernández-González, L., Calvete, E., y Sánchez-Álvarez, N. (2020). Efficacy of a brief intervention based on an incremental theory of personality in the prevention of adolescent dating violence: A randomized controlled trial. *Psychosocial Intervention, 29*, 9-18. https://doi.org/10.5093/pi2019a14

Fernández-Gutiérrez, A. y Vizoso-Gómez, C., (2022). Programa socioeducativo de prevención de la violencia en el noviazgo en adolescentes. *International Journal of New Education, (10)*, 87-102. https://doi.org/10.24310/IJNE.10.2022.15556

Foshee, V.A., y Langwick, S. (1994). *Safe Dates: An adolescent dating abuse prevention curriculum.* Chapel Hill, NC: University of North Carolina at Chapel Hill.

Galdo-Castiñeiras, J.A., Hernández-Morante, J.J., Morales-Moreno, I., y Echevarría-Pérez, P. (2023). Educational Intervention to Decrease Justification of Adolescent Dating Violence: A Comparative Quasi-Experimental Study. *Healthcare, 11*, 1156. https://doi.org/10.3390/healthcare11081156

Hamby, S., Nix, K., De Puy, J., Monnier, S. (2012). Adapting dating violence prevention to francophone Switzerland: a story of intra-western cultural differences. *Violence Vict.* 27(1), 33-42. doi: 10.1891/0886-6708.27.1.33. PMID: 22455183.

Llorent, V., y Álamo, M. (2019). La formación inicial del profesorado en las actitudes hacia la diversidad cultural. Validación de una escala. *Población*, (99), 107-08. https://www.redalyc.org/journal/112/11260181008/movil/

Márquez, M.C. (2013). *Guía del Taller Prevención de la Violencia en el Noviazgo*. Subsecretaría de Prevención y Participación Ciudadana, 32.

Martín-Salvador, A., Saddiki-Mimoun, K., Pérez-Morente, M.A., Álvarez-Serrano, M.A., Gázquez-López, M., Martínez-García, E., Fernández-Gómez, E. (2021). Dating Violence: Idealization of Love and Romantic Myths in Spanish Adolescents. *Int J Environ Res Public Health*, 18(10), 5296. doi: 10.3390/ijerph18105296. PMID: 34065736; PMCID:

McGuire, J., Evans, E., Kane, E. (2021). ¿Qué funciona en las intervenciones escolares? Una revisión sistemática de la investigación de la evaluación. En Policía Basada en la Evidencia y Prevención del Delito en la Comunidad. *Avances en la prevención y tratamiento de la violencia y la agresión*. Springer, Cham. https://doi.org/10.1007/978-3-030-76363-3_5

Mitchell, C. (2019). *Effect of religión on domestic violence perpetration among American adults. Theses 348*. University of Missouri, ST, Louis. https://irl.umsl.edu/thesis/348

Muñoz-Rivas, M.J., González-Lozano, P., y Fernández-González, L. (2015). *Programa previo. Prevenir la violencia en las relaciones de noviazgo*. Pirámide.

Ooms, T., y Wilson, P. (2004). The Challenges of Offering Relationship and Marriage Education to Low-Income Populations. *Family Relations: An Interdisciplinary Journal of Applied Family Studies*, 53(5), 440–447. https://doi.org/10.1111/j.0197-6664.2004.00052.x

Pérez-Marco, A., Soares, P., Davó-Blanes, M.C., y Vives-Cases, C. (2020). Identifying types of dating violence and protective factors among adolescents in Spain: A qualitative analysis of Lights4Violence materials. *International Journal of Environmental Research and Public Health*, 17(7), 2443. https://doi.org/10.3390/ijerph17072443

Reyes, H.L.M., Foshee, V.A., Klevens, J., Tharp, A.T., Chapman, M.V., Chen, M.S, Ennett, S.T. (2016). Familial Influences on Dating Violence Victimization Among Latino Youth. *Journal Aggress Maltreat Trauma*, 25(8), 773-792. doi: 10.1080/10926771.2016.1210270.

Rubio-Garay F., Carrasco M.Á., Amor P.J., López-González M.A. (2015). Factores asociados a la violencia en el noviazgo entre adolescentes: una revisión crítica. *Anuario de Psicología Jurídica*, 25(1), 47–56. https://doi.org/10.1016/j.apj.2015.01.001

Sarabia, S. (2018). Violencia: una prioridad de la salud pública. *Revista de Neuro-Psiquiatría, 81*(1), 1-2. https://dx.doi.org/https://doi.org/10.20453/rnp.v81i1.3267

Velasco, L., Thomas-Currás, H., Pastor-Ruiz, Y., y Arcos-Rodríguez, A. (2022). PRO-Mueve Relaciones Sanas – A gender-based violence prevention program for adolescents: Assessment of its efficacy in the first year of intervention. *Frontiers in Psychology, 12*. https://doi.org/10.3389/fpsyg.2021.744591

Wolfe, D.A., Crooks, C.V. y Hughes, R. (2011). The Fourth R: A school-based adolescent dating violence prevention program. *Psychosocial Intervention*, 20(2), 193-200. https://doi.org/10.5093/in2011v20n2a7

Capítulo 9. *Educación afectiva y sexual para adolescentes*

Acción en Red (2019). *Placeres fílmicos: presentación* (material sin publicar).

Ara (4 de octubre de 2021). El consentimiento sexual entre adolescentes: solo sí es sí. https://es.ara.cat/sociedad/consentimiento-sexual-adolescentes_130_4138274.html

Asociación Española de Pediatría (2022). *Día Europeo de la Salud Sexual 2022: los pediatras alertan de que la incidencia de infecciones de transmisión sexual se ha duplicado entre los adolescentes mientras los recursos para abordar la salud sexual son cada vez más limitados.* https://www.aeped.es/noticias/dia-europeo-salud-sexual-2022-los-pediatras-alertan-que-incidencia-infecciones-transmision-sexual-se

Cala, V. y Soriano-Ayala, E. (2021). Cultural dimensions of inmigrant teen dating violence: A quualitative metasynthesis. *Agression and Violent Behavior, 58,* 101555. https://doi.org/10.1016/j.avb.2021.101555

Delegación del Gobierno para la Violencia de Género (2015). *Percepción de la violencia de género en la adolescencia y juventud.* Ministerio de Asuntos Sociales e Igualdad. https://violenciagenero.igualdad.gob.es/violenciaEnCifras/estudios/investigaciones/2015/pdf/Libro20_Percepcion_Social_VG_.pdf

Guttmacher Institute (2015). *Adolescent Women's Need for and Use of Sexual and Reproductive Health Services in Developing Countries.* https://guttmacher.org/sites/default/files/pdfs/pubs/Adolescent-SRHS-Need-Developing-Countries.pdf

Organización Mundial de la Salud (2019). *Recomendaciones de la OMS sobre salud y derechos sexuales y reproductivos de los adolescentes.* http://iris.who.int/bitstream/handle/10665/312341/9789243514604-spa.pdf?sequence=1

Taylor, B.G. y Mumford, E.A. (2014). A National Descriptive Portrait of Adolescent Relationship Abuse: Results From the National Survey on Teen Relationships and Intimate Violence. *Journal of Interpersonal Violence, 31*(6), 963-988. https://doi.org/10.1177/0886260514564070

COLECCIÓN «EDUCACIÓN HOY ESTUDIOS»
Aquí puede consultar la información de todos los títulos
publicados en esta Colección